71
台灣地理百科

# 台灣的城隍廟

Taiwan

黃柏芸 ◎ 著

黃柏芸、黃丁盛 ◎ 攝影

walkers
遠足文化
Walkers Cultural

審訂◎序

# 不信王法信城隍

　　城隍信仰源自古代天子臘祭「水庸」之祭祀，城隍即對城牆與護城河的崇拜。漢唐以降城隍成為民間普遍信仰，並逐漸人格化為陰世的地方官。宋代之後城隍爺「業務暴增」，無所不管，至明代城隍神格又有階級區分，其職務則轉化為督導地方官吏、監察民情善惡，自此地方官員赴任前，均須先到當地城隍廟報到、祭拜，方能就職。

　　台灣在移民拓墾初期，因地處邊陲化外之區，各朝政權都將台灣當做基地、據點或跳板，而奉派來台官員也多存「過客」心態，造成官吏貪瀆、盜賊四起、民變不斷、械鬥頻繁的亂象。在官威不彰、治安敗壞、百姓求助無門的情況下，代表正義、公理的城隍爺就成為亂世中維護公義、安定社會最重要的力量。善惡終有報、死後有審判的觀念，使民眾不敢為非作歹，無形中成為普世價值，而城隍爺就是賞善罰惡、嚇阻犯罪的仲裁者。

　　至今民眾如蒙受冤屈、尋找失物、刑案難破，都會祈求城隍爺主持公道、伸張正義，甚至連被懷疑選舉買票、貪污瀆職，都要到城隍廟斬雞頭詛咒發誓，才能證明清白以昭公信。可見城隍廟比警察局、法院更受人民信賴，城隍爺的公信力也比民意代表、法官還高。

　　黃柏芸先生所著的《台灣的城隍廟》，是第一本有系統介紹台灣城隍廟的著作。書中對城隍信仰的起源、發

展及民間信仰中的城隍爺、城隍廟建築特色、配祀神明部將、祭典科儀等，均有深入淺出的論述。此外，本書更蒐錄台灣各地城隍廟資料，對台灣各地官祀、民祀城隍爺的祭典日期、相關訊息提供翔實資訊。本書內容包涵宗教信仰與民俗藝術，兼顧理論與實務，兼具學術與世俗，是一部雅俗共賞的著作。台灣坊間的民俗叢書若非艱澀難解的學術論著，就是淺易表象的報導文學，遠足文化叢書平衡兩者的偏執，既有深度的觀察，又有常民的趣味，是值得推薦的民俗入門書籍。

　　城隍信仰最主要的意義在於警世教化，城隍廟狹窄的格局、陰森的氣氛令人不寒而慄，城隍部將造型凶惡、恐怖使人心生畏懼，城隍廟區聯文字都是警世、恫嚇詞句，這些虛擬的情境都在告誡人們，冥冥之中神明在監視個人的行為，對於那些掏空資金、惡性倒閉、捲款逃亡移民國外者和貪污瀆職卻沒有受到法律制裁者，我們必須相信會有因果報應、會有宗教的制裁，否則社會道德價值將會崩潰，因為好人壞人最後都會死，為善做惡結果都一樣，那麼世上豈有天理公義之存在？是非善惡還有什麼差別？城隍爺是總管陰陽兩界的司法神，相信城隍爺的人就不敢為非作歹，這般無形的宗教規範，絕非法律、官員所能取代。

靜宜大學台灣文學系教授

作者◎序

# 鑒察民隱、賞善罰惡

直到今日，每逢農曆除夕母親都會準備好牲禮，以虔敬的心情前往新竹都城隍廟拜拜，感謝城隍爺過去一年的庇佑，並祈求來年城隍爺能保佑闔家平安。不只是我們，整個都城隍廟在農曆年前後都擠滿了祈願的信徒。

其實城隍信仰是源自於古代中國自然崇拜，在明清以後一度成為執政者「督官儆民」的統治工具。進入二十世紀後，隨著封建制度的瓦解及共產制度的實施，城隍信仰在中國早已經式微。然而在台灣，城隍仍舊受到許多民眾的崇拜。城隍爺在台灣民眾心目中，不僅是護衛地方的守護神，「鑒察民隱、賞善罰惡」更是一般民眾對城隍爺深切的期待。

從昔日官方祭祀到今日民眾普遍信仰，從執政者的統治工具到正義公理的象徵，這是一項相當大的轉變，也是很有趣的轉變，而這轉變也是吸引我踏入城隍信仰領域的最主要動力。從城隍信仰的了解認識、資料的彙整蒐集，到各地城隍廟的參觀採訪，深刻地感受到台灣民間信仰的活力。而每次城隍遶境時，不管是熱鬧的場景，還是尾隨城隍爺神轎後虔誠的信徒，都讓身為旁觀者的我內心澎湃不已。

於是我告訴自己，為何不把這些資料、感動以文字來表達，分享給更多有興趣的朋友呢？因此才有這本

書的構思。然而這本書能順利付梓出版，多虧遠足文化及其總編陳雨嵐，基於他們對台灣本土文化的重視和關心，才有這個出版機會。此外在編輯過程中許素華小姐的鼎力協助，陳豐明先生、吳淑惠小姐精采的插畫，美編陳育仙、林姚吟小姐細心的編排，以及於百忙中抽空為本書審訂、撰寫推薦序文的林茂賢教授，都讓本書更臻完善，在此一併致上最大謝忱。

筆者並非科班出身，所學有限，加上人力、經費、時間有所限制，因此文中定有疏漏之處，祈望諸位先進能對筆者不吝指正，多予指教。

最後謹以此書獻給歷年來關心本土文化的朋友，願這份關心的火苗能夠永遠延續下去。

黃柏芸

## 伍、台灣的官祀城隍廟 076

## 陸、台灣的民祀城隍廟 148

壹

城隍信仰的

發展

「城隍」一詞最早的意義僅為城牆和護城河，周代的祭水
庸被認為是祭城隍之始。其後歷經各朝各代，祭祀城隍也
從最初的自然崇拜，演變成祭祀行為，最後成為祈求保境
安民、賞善罰惡的民間信仰。

# 城隍祭祀的起源

## 城隍字義初探

「城隍」字面上的意義究竟為何？依據《說文解字》記載：「城，以盛民也」，段玉裁注：「言盛者，如黍稷在器中也。」又言「隍，城池也，池之在城外也。有水曰池，無水曰隍」。從上述說明可以了解，「城」是指城牆，「隍」則指沒有水的護城河。

「城」「隍」兩個字同時出現在文章中，最早應該是在《易經·泰卦》：「城復于隍，勿用師。自邑告命，貞吝。象曰：城復于隍，其命亂也。」此處以「城」與「隍」比喻君王與臣下，並沒有神靈之意，更不用說與祭祀有關。

至於「城隍」一詞首次出現於漢朝班固的〈西都賦序〉：「京都修宮室，浚城隍，起苑囿，以備制度。」其中「城隍」的意義僅為城牆和護城河，也無其他特別意義。

## 祭城隍之始

最早祭祀城隍是起於何時，學界有許多不同的說法，目前較廣為人們所接受的為「蜡祭」說。《禮記·郊特牲》言：「天子大蜡八，伊耆氏始為蜡」。周朝「蜡」（音為 ㄓㄚˋ）為一種祭禮，指天子於歲末大祭萬物。而所謂八蜡係指先嗇、司嗇、農、郵表畷、貓虎、坊、水庸、昆蟲等八種與農業生產有關的祭祀，這裡的「水庸」解釋為：「水者隍也，庸者城也」，因此認為祭水庸就是祭城隍之始。

城隍的原始意義為城牆和護城河，圖為鳳山舊城與護城河，位於今日高雄左營。

　　姑且不論上述說法是否正確，古代社會民智未開，人們在面對周遭的自然現象時，往往無法解釋而心存害怕與敬畏，於是產生了萬物有靈的觀念，進而演變成自然崇拜。因此當人們認為城池有保護人民身家財產之功時，自然對其產生尊崇，進而演變成祭祀行為，或許城隍信仰就是這種思維下的產物。

　　然而在早期，這種祭祀應是天子的專利，祭祀的場地也僅止於土壇為主，不在特定的廟宇祭祀，一般老百姓是無法參與的，這點與後世人們所認知的城隍祭祀有很大的出入。

在今日鄉間偶爾還會看到有人於橋頭擺放冥紙，這是用來籠絡好兄弟之意。

祭拜山川大地的自然崇拜儀式場所，往往選在戶外進行。

# 城隍廟祭祀的考據

## 東漢末年已出現百姓祭祀城隍

城隍廟祭祀源自何時呢？依據中國民俗學者鄭土有、王賢淼於《中國城隍信仰》一書記載，東漢以後，因道教建立及佛教傳入，萬物有靈的觀念也隨之受到影響，並與之融合，逐漸形成了濃厚的造神及迷信氣氛。因此推測城隍信仰由自然崇拜轉變爲一般百姓祭祀的年代，最遲應在東漢末年。

正史對城隍廟出現最明確的記載，是《北齊書・慕容儼傳》：「城中先有神祠一所，俗號城隍神，儼於是順士卒心祈請，須臾，沖風驚波，漂斷荻筏。約復以鐵鎖連緝，防禦彌切。儼還，共祈請，風浪夜驚，筏復斷絕。如此再三，城人大喜，以爲神助。儼出城奮擊，大破之。」

這段生動的描述透露出幾點訊息。首先，慕容儼守郢城時，城內就有一座城隍祠，可見當時已出現了建祠祭祀城隍的行爲。其次，祭祀城隍已不再是天子的專利。第三，慕容儼在鎮守郢城前，他可能還不知有城隍神，可見當時城隍神信仰僅是地方民間信仰。

## 唐代祭祀城隍成為普遍信仰

城隍信仰到了唐代出現重要的轉折，不僅城隍的事跡被大量記錄，各地也陸續建有城隍廟宇，祭祀城隍成爲當時人們普遍的信仰。唐開元五年（717）張說的〈祭城隍文〉是現今所看到最早的城隍祭文：「山澤以通氣爲靈，城隍以積陰爲德，致和產物，助天育人，人之仰恩，是關祀典。說恭承朝命，綱紀南邦，式崇薦禮，以展勤敬。庶降福四甿。登我百穀，猛獸

不搏，毒蟲不噬。」文中不僅祈求城隍降福，也祈禱五穀豐登，使得城隍由單純的城池之意，開始有了保境安民、攘災祈福的功能。

除了張說的〈祭城隍文〉外，也可以從唐代許多文人筆下，看到城隍被賦予的功能逐漸增加。如李陽冰之〈縉雲縣城隍神記〉中：「城隍神祀典無之，吳越有之。風俗水旱疾疫必禱焉。」唐代名相張九齡在開元十五年（727）出任洪州刺史時遇連日陰雨成災，祭城隍祈禱：「雨淫而不止，恐害嘉谷，預達精誠，以時彌災，無或失稔。」此外如許遠、韓愈、杜牧、李商隱等皆著有相關城隍祭文，散見於《全唐文》中，內容包括祈雨、求晴、招福、攘災等。城隍原屬自然崇拜，隨著社會的發展演變，其社會職能越來越多，由最原始所提供的保護城池，到攘災祈福功能，甚至後來人們連水旱疾疫也到城隍廟祝禱。

城隍廟配祀城隍夫人的歷史可追溯自宋朝。圖為苗栗縣城隍廟城隍夫人。

## 宋代城隍崇拜列入國家祀典

宋代官方對城隍信仰的態度開始出現相當大的轉變，不僅朝廷封賜城隍神，也將城隍崇拜列入國家祀典。如宋代趙與時《賓退錄》說到當時城隍「今其祀幾遍天下，朝家或賜廟額，或頒封爵，未名者或襲鄰郡之稱，或承流俗所傳，郡異而縣不同。」此外城隍神也開始世俗化、人格化，如不少著名歷史人物死後被尊祀為城隍，如漢代名將紀信、灌嬰等都曾被尊封為城隍。《春明夢餘錄》曾記載：「趙宋以來，城隍之祀遍天下，或賜廟額，或頒封爵，或遷就附會，各指一人為神之姓名。」這或許是出自老百姓對於歷史人物與清官的懷念與愛戴，因此將他們當城隍供奉。

風起雲湧天地變色，百姓難免心生恐懼而向神明祈求消災解厄。

另外城隍夫人也在這個時期出現，《睽車志‧卷二》就記載城隍夫人報訊事、城隍娶妻的神話故事。到了元代不僅出現皇帝為城隍夫人冊封，隨著城隍信仰的人性化和世俗化，推測城隍家族也在這個時候出現了。

據推測，城隍家族出現少爺、媳婦、小姐等，應始於元代。圖為基隆城隍廟城隍大夫人（左二）、二夫人（左一）、少爺（右二）和女侍（右一）。

## 明代城隍信仰制度化

明代是城隍信仰發展的極致，不僅將城隍祭祀列入國家祭典，並且加以制度化，其中明太祖朱元璋尊崇城隍的態度是一個重要關鍵。《續文獻通考‧群祀考》引明太祖之言稱：「朕設京師城隍，俾統各府州縣之神，以監察民之善惡而禍福之，俾幽明舉不得幸免。」因此設置城隍不僅為儆民，也為了監督地方行政官吏。

明太祖封京師城隍為「升福明靈王」，開封府城隍為「顯聖王」，臨濠府城隍為「貞祐王」，太平府城隍為「英烈王」，和州府城隍為「靈護王」，滁州府城隍為「靈祐王」，並各加「承天鑒國司民」爵號。各地府城隍封為「威靈公」官秩二品；各州城隍封為「靈祐侯」官秩三品；各縣城隍封為「顯祐伯」官秩四品，亦各加「鑒察司民」爵號。此舉雖於翌年撤去封號，但已形成府、州、縣城隍等階級之稱謂，且部分封號沿用迄今。入清後承襲明朝制度，更通令各省、府、廳、縣建造城隍廟，並列入官祀項目之一，而且地方官新上任，需先卜選吉日，親到城隍廟舉行奉告典禮才能赴任。

## 王簡易見城隍

唐代許多小說、傳奇都提到城隍爺開始掌管冥籍，具有陰間審判的功能。《太平廣記》卷一百二十四〈王簡易〉，就記載了唐代王簡易見城隍的傳說。

唐朝洪州司馬王簡易有次得了一場急病，腹中長出一個瘤，體積很大且會因著呼吸上下敲擊內臟，在床上躺了一個多月。有天晚上，瘤向上搗心，王簡易一下子昏迷過去，半晌醒過來後對妻子說：「剛剛我夢見一個自稱丁郢的鬼使，他手裡拿著冥府的公文說：『我奉城隍爺的命令來追捕王簡易。』之後我就跟著使者走了十多里才到城隍廟。廟門前的人看到我說：『王君在人間做了很多好事，不應該早亡，為什麼到這地方來呢？』一會兒我見到城隍爺說：『我還不應該死。』並且乞求他放我回來。城隍爺命人拿來生死簿檢查完畢說：『你應該還可活五年，暫且放你回去。』」

過了五年後，王簡易的腹瘤又向上搗心，他再度昏迷，一會兒醒了說：「剛才到冥府被小奴舉發，從言詞和案情來看，大概是無法化解的冤仇。」王簡易的妻子問小奴是什麼人，王簡易答道：「是我以前的書僮。當時書僮正值青春年少，因為我管教甚嚴，他一時想不開而尋死，現在我的腹瘤就是小奴在作祟。而且剛才又看見前任州牧鐘初戴著大鐵枷，穿著黃布衫，手腳都有刑具，冥司正在審問他無理殺人的事情，每條每款都不放過。」妻子又問：「小奴只是個下人，何以敢如此？」他說：「人在世間有貴賤之別，在冥府裡卻無階級之分。」妻子又問陰間什麼罪最重？他說：「沒有比殺人更重的了。」說完就死了。

上述的描述雖然荒誕不經，但可以看出，唐代一般百姓的觀念已認為城隍是掌理陰間之神了。

*Chenghuang*

# 台灣城隍信仰的發展

台灣的城隍信仰源自於中國，從早期明鄭治理台灣，於赤崁設置了台灣首座城隍廟開始，到清代統治台灣兩百一十二年間，前後共有十八座官祀城隍廟。

雖然城隍爺屬於地方司法神，每個行政區域應該設有一座城隍廟，但清代台灣曾出現一個行政區域有兩座城隍廟的情況，如台灣縣設有台灣縣城隍廟（今之台南首邑縣城隍廟）、安平鎮城隍廟（今之安平城隍廟），鳳山縣城隍廟有新舊之分，澎湖廳設有文澳城隍廟及馬公城隍廟；晚期設立的南雅廳、台東直隸州等，因行政區設立的時間並不長，尚來不及設置城隍廟就進入日治時期。

隨著行政區域等級的不同，各地城隍爺的封號也有所不同，甚至出現行政區域調整變動，城隍爺的封號也隨著升遷的有趣現象。

大體而言，台灣早期的城隍信仰幾乎以官祀爲主，且基本上清代地方官員對城隍的態度相當尊崇，如諸羅知縣周鍾瑄於〈諸羅縣城隍廟碑記〉中提到：「典秩漸隆，賜廟額，班封爵，垺諸社稷、山川、風雲雷電以祭，相沿以至於今。故事守土官入境，必先齋宿于廟，而後視事。水旱必禡于神，而後禱于壇，厲祭，必迎於壇，而使主其事，邑有大舉，神莫不與焉。」另外清福建巡撫余文儀《續修台灣府志列傳·俞兆岳》：「康熙五十三年，調知台灣縣。甫下車，立三誓於城隍廟。三誓者，毋貪財、毋畏勢、毋徇人情也。」

除了上述官祀的城隍廟外，早

澎湖的文澳城隍廟為三級古蹟。

期台灣民祀或私祀的城隍廟也同時存在。台灣是一個移民的社會，早期先民渡海來台拓墾，往往會將原鄉的守護神帶來以求庇佑，不僅能讓心靈得到撫慰，更可凝聚同鄉共同意識。如大稻埕的霞海城隍廟就是分靈自福建泉州同安縣下店鄉城隍廟；中寮安溪城隍廟分靈自福建安溪城隍廟；鹿港城隍廟則自泉州晉江石獅城隍廟分靈而來。

每年的新竹都城隍廟祭典都非常隆重，是桃竹苗地區的盛事。

整體看來，雖然城隍信仰普遍為一般人民所接受，但不論是官祀或民祀的城隍廟，其信仰的祭祀圈始終存在著地理上的侷限，這點從城隍爺遶境的範圍可以明顯看出。如香火鼎盛的新竹都城隍廟，其祭祀圈以桃竹苗三縣市為主，範圍不超過昔日淡水廳。這或許與民眾心中認為城隍是地區性的神明，各有轄區有關吧！

鹿港城隍廟原名鰲亭宮，屬於閤港大廟，亦即全鹿港居民共同崇信的廟宇，官將首表演是城隍廟祭不可缺少的活動。

另一個有趣的現象是，一般信徒普遍認為若城隍廟能得到皇帝的敕封或是賜匾，益能突顯出城隍爺的靈驗與威名遠播，從嘉義市城隍廟的「臺洋顯佑」、馬公城隍廟的「功存捍衛」，到新竹都城隍廟的「金門保障」等，皆蒙清光緒皇帝的賜匾，上述城隍廟香火鼎盛或許與此有關吧！畢竟得到皇帝的加持與背書，更容易獲得人們信賴與接受。

# 日治時期台灣的城隍信仰

提到台灣城隍信仰的發展，就不容忽視日治時期殖民政府的影響，畢竟面對改朝換代等重大的轉變時，這些原本在清代中享有官祀的廟宇，便首先受到衝擊。當時殖民政府基於統治的需要，往往在不同時期對台灣民間傳統的宗教信仰有不同的政策，這也間接促使台灣城隍信仰逐漸邁向本土化，與中國城隍信仰有所區別。

## 第一期：官祀城隍廟轉型

歷史學者蔡錦堂將日治時期的宗教政策分三期。第一期從明治二十八年（1895）到大正三年（1914），初始適逢兵馬倥傯改朝換代之際，許多官祀城隍廟直接被日軍佔用或接收，不僅神像遭到破壞，甚至連廟宇都被拆毀，如原本規模宏大的台北府城隍廟（即今之台灣省城隍廟，位於台北武昌街，舊址在台北城內北門街）、歷史悠久的台灣縣城隍廟、鳳山縣城隍廟（今之舊城城隍廟）等，及設置沒多久的台灣府城隍廟（今之台中市城隍廟）、苗栗縣城隍廟、恆春縣城隍廟等，不是被佔用就是被拆毀。其中台灣縣城隍廟、台灣府城隍廟、鳳山縣城隍廟、苗栗縣城隍廟等曾在熱心信徒的奔走下重建，其餘的就此一蹶不振，原本廟中供奉的城隍爺也流落四方。如恆春縣城隍廟被日人拆毀後，城隍爺及文武判官移祀至恆春廣寧宮寄人籬

恆春縣城隍廟城隍爺曾移祀恆春廣寧宮成為副神。

新竹都城隍廟因轉型成功，
其祭典日益盛大，參與的民
眾也相當踴躍。

大稻埕霞海城隍祭因日治時期的懷柔
政策而興盛。

下，成爲該宮的副神。

　明治三十二年（1899）
後，隨著局勢穩定，各地城
隍信仰活動又漸漸復甦。這
段期間執政當局採取了懷柔
政策，加上交通網建立、媒
體爭相報導，更促進了城隍
廟會盛況空前，其中又以大
稻埕霞海城隍祭最負盛名。

　此外一些原本官祀的城隍
廟也面臨了轉型問題，必須
從原本官民共祀轉型爲以地
方民眾信仰爲主，其中以新
竹都城隍廟轉型最爲成功。
轉型後的新竹都城隍廟不僅
有廣大的信徒，更有地方士
紳鼎力支持，影響力之大就
連都市計畫興建新竹州廳
時，還刻意爲了避開城隍廟
廟埕而挪移了十公尺。

## 第二期：寬容政策緊縮

　　大正四年（1915）六月台灣爆發了「西來庵」事件，透過扶鸞、道教法術等的台灣傳統民間信仰，對殖民當局進行武裝反抗，不僅震驚當時社會，也讓執政者深深警覺到傳統民間信仰的影響力，因此從當年十月開始陸續在全台進行大規模的宗教調查。雖然這些動作並未對台灣民間信仰造成立即性的影響，但原本寬容的政策也逐漸緊縮，因此從大正四年（1915）到昭和五年（1930）間，可視為第二期。

## 第三期：遭皇民化運動打壓

　　眞正對台灣城隍信仰有決定性的影響，應該是在昭和五年（1930）以後。隨著1920年代全球經濟大蕭條的發生，日本政治局勢動盪不安，讓法西斯主義有機會成形，並發起一連串國家改造運動，其中對台灣民間信仰影響最大的就是「社會教化運動」，包括「普及國語」「敬神尊皇」「生活改善」等政策。這裡提到的「國語」就是「日語」；而所謂的「敬神尊皇」就是崇敬信仰日本人的「天照大神」及「日本天皇」。

　　推行這些政策的最重要目的，就

教育敕語為日本明治天皇頒布的教育文件，其宗旨成為第二次世界大戰前日本教育的主軸。昭和年間軍國主義盛行，除了學生必須背誦教育敕語，學校也要興建特別的奉安殿安置教育敕語。圖為苗栗縣三義國小的奉安殿。

是希望徹底改變台灣人的語言、思想、文化、宗教、風俗習慣，將台灣人同化為「日本國民」，因此城隍信仰被視為迷信而開始被打壓。尤其到了昭和十二年（1937）台灣各地陸續推動「皇民化運動」，其中「寺廟整理」就是計畫廢止道教系統廟宇等。當時全台許多廟宇受到波及，其中當然包括城隍廟。例如彰化縣城隍廟（今之彰邑城隍廟）城隍爺神像被收歸市役所管理，禁止民眾祭拜，而嘉義各寺廟主神合祀於嘉義縣城隍廟（今之財團法人台灣省嘉義市城隍廟），使得嘉義縣城隍廟成了嘉義各寺廟神像的收容所，鳳山縣城隍廟（今之舊城城隍廟）的神像甚至遭到焚毀的命運，使得台灣城隍信仰受到相當嚴重的打擊。

舊城城隍廟的神像在日治時期曾遭焚毀，今日所見之神像都是戰後才重塑的。圖為文判官。

在城隍廟前舉辦大拜拜的盛況，日治後期已不復見。

# 戰後台灣民間的城隍信仰

　　或許在日治末期受到壓抑太久，戰後的台灣民間信仰迅速蓬勃發展，各地許多廟宇如雨後春筍般設立。以城隍廟爲例，依據前台灣省文獻委員會委員黃有興的田野調查資料得知，從戰後至今所設立的城隍廟佔城隍廟總數一半以上，當然這些城隍廟都爲民祀的城隍廟。

　　在現今二十一世紀科學昌明的民主社會，爲何城隍信仰仍受到人們歡迎呢？這點可從部分城隍廟的成立沿革中，多少看出一些端倪。如《大甲城隍廟沿革志》中提到：「一日忽有特異心靈感應，新竹城隍爺公有意分靈至大甲，爲大甲、大安、外埔、后里等四鄉鎮百姓之守護神，以庇護此地區合境平安，眾信康泰，工商丕展……」等。護佑地方成了百姓對城隍爺的期待，至於「鑒察民隱，賞善罰惡」更是從古至今人們對城隍爺根深柢固的印象，或許這就是城隍爺在今日社會仍能受到歡迎的原因之一吧！

善男信女對城隍爺的推崇、愛戴，在今日社會仍屹立不搖。

金門城隍祭的蜈蚣座非常具有地方色彩。

　　至於這些新成立的城隍廟是如何產生的？尤其是昔日清朝體制早已走入歷史，加上兩岸分治所造成的文化隔閡，使得這些民祀城隍廟有別於早期成立的城隍廟。依據黃有興所調查的資料分析得知，從舊有的城隍廟分靈者佔最高比例，有三十座之多，從大眾廟升格至城隍廟的比例也不少，有十四座，這顯示城隍信仰在台灣有逐步邁向本土化的現象。這些新成立的城隍廟，如何在百花齊放的民間信仰環境中脫穎而出，並獲得信徒們的青睞與支持，以及如何管理運作及維繫，都值得研究探討。

民眾對城隍爺保境安民的感謝，通常藉由城隍祭來表達。

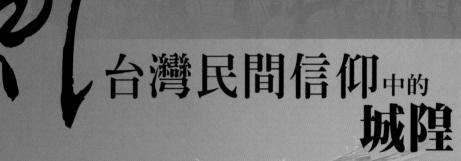

# 台灣民間信仰中的
## 城隍

台灣民間信仰中以統治天、地、人三界的玉皇大帝為最高神明，城隍爺屬於地方行政的司法神，主持公理正義、賞善罰惡。城隍廟中的對聯在在都指明所有人終將面對城隍爺的審判，得到應有的獎懲。

# 城隍爺的位階與職司

## 城隍爺屬地方行政司法神

　　台灣民間信仰歷經三、四百年的演變，融合了儒教的祭祖、道教的道士法師為人祈安求福，和佛教的輪迴與因果報應等來世審判觀，逐漸發展出深具本土色彩的特性。在這信仰體系下，人們對所崇拜的神明自會賦予一套社會組織，這套神界的社會組織是以人間社會組織為藍本，只不過仍然停留在古代封建體制下。

　　根據宗教學者董芳苑的整理與研究，台灣民間信仰中以統治天、地、人三界的玉皇大帝為最高神明。祂位階至高至聖，宇宙中一切神仙和萬靈，上自天上，下至地獄，都在其統轄之下。眾神中城隍爺屬於地方

城隍爺有如舊時縣令，其下隨從還有文、武判官、七爺、八爺及排爺等。

行政的司法神；土地公列於城隍體系下，其職權則相當於現今的鄉、里長；灶君位階最低，也是最基層的神明，分布在每個家庭；至於東嶽大帝、地藏王則屬於陰間的行政神，下轄十殿閻王等，形成嚴密的司法體系。

在台灣民間信仰中，一般人還是把城隍爺當做主持公理正義、賞善罰惡的司法神。新竹都城隍廟正殿有副對聯：「善惡本殊途，莫云善小無為，惡微得掩，善惡到時終有報；陰陽皆一理，那見陰誅可免，陽法能逃，陰陽相輔總難欺。」就在告誡人們，縱使做壞事能逃得了一時，日後也終將面對城隍爺的審判，得到最後應有的懲罰。

土地公位於城隍體系下，其職權則相當於現今的鄉、里長。

## 城隍爺的職司

從《禮記‧郊特牲》中可以了解，保護城池是城隍爺最早被賦予的功能。然而隨著時代演進與其他宗教的陸續興起、融合，城隍被賦予的職務變多了，相對地人們對城隍的期待也增加。《諸羅縣志》〈藝文志〉所收錄諸羅縣令周鍾瑄之〈諸羅縣城隍廟碑記〉一文提到：「有城隍以治幽也，福善禍淫，順其四時，阜其百物，驅其魍魅蠱毒，使邑無災夭枉而不即於淫者，城隍之責也。」可見城隍的職責最主要的是鑒察民隱、賞善罰惡，以補陽間司法的疏漏與不足。過去封建社會執政當局往往透過城隍爺善惡分明、正直無私的形象，告誡世人不可為非作歹，否則死後難逃陰間法律的制裁。直到今日每當選舉時，有部分候選人為了證明自己的清白，也會到城隍爺前斬雞頭、立重誓。

灶君是位階最低的神明，農曆十二月二十四日家家戶戶都要送灶君上天界。

掌管陰間也是城隍爺重要的職責之一，城隍信仰到了唐代，多了一項職司：掌管陰間。在《蠡測彙鈔》所收錄道光年間台灣知府鄧傳安的〈牒台灣府城隍文〉中提到：「伏以鬼有所歸，乃不為厲。中元郊外設祭，載在國家祀典，所以妥無主之遊魂，惟城隍尊神，實蒞其事。」文中請求城隍護佑那些客死異鄉、思歸不得的無主遊魂，導引他們返歸故鄉。

台灣民間傳說中認為人死後，靈魂先由城隍爺初審，然後再由東嶽大帝覆審，所以城隍也是冥間的行政長官。城隍既然掌管陰間，便有懲治惡鬼、安撫厲鬼的本領，因此當有人遇上惡鬼纏身時，往往會到城隍廟請城隍爺晚上開堂審鬼，解除厄運。直到現在，台灣民間習俗中農曆七月初一開鬼門關的儀式，許多地方都是選在城隍廟舉行。

過去當地方遭遇到天然災害或發生瘟疫時，地方官吏往往會求告於城隍爺，因此鎮壓災疫亦成為城隍的重要職司。鄧傳安另一篇〈城隍廟禱雨文〉：「距溽暑已過三伏，嘉澍竟愆五旬，極旱待蘇，誠求蓁苦。……有司炷香入廟，望雨徒然聞雷，際從俗之普渡既周，齋戒彌謹；效去讓之請道無已，吁嗟更勞。」提到久旱不雨，地方官祈求城隍之情溢於言表。直到今日，城隍爺出巡仍有鎮壓鬼魅、維護地方太平之意。例如九二一大地震過後，新竹都城隍爺就曾被請到苗栗、卓蘭一帶災區遶境，以祈消災解厄。

中寮安溪城隍廟後殿奉祀玉皇大帝。

## 文神部眾神職司表

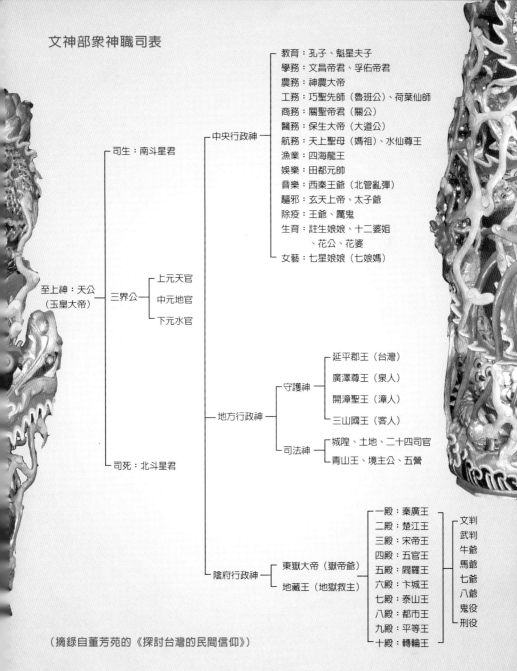

至上神：天公
（玉皇大帝）

司生：南斗星君

三界公 ──┬── 上元天官
　　　　　├── 中元地官
　　　　　└── 下元水官

司死：北斗星君

中央行政神 ──┬── 教育：孔子、魁星夫子
　　　　　　　├── 學務：文昌帝君、孚佑帝君
　　　　　　　├── 農務：神農大帝
　　　　　　　├── 工務：巧聖先師（魯班公）、荷葉仙師
　　　　　　　├── 商務：關聖帝君（關公）
　　　　　　　├── 醫務：保生大帝（大道公）
　　　　　　　├── 航務：天上聖母（媽祖）、水仙尊王
　　　　　　　├── 漁業：四海龍王
　　　　　　　├── 娛樂：田都元帥
　　　　　　　├── 音樂：西秦王爺（北管亂彈）
　　　　　　　├── 驅邪：玄天上帝、太子爺
　　　　　　　├── 除疫：王爺、厲鬼
　　　　　　　├── 生育：註生娘娘、十二婆姐、花公、花婆
　　　　　　　└── 女藝：七星娘娘（七娘媽）

地方行政神 ──┬── 守護神 ──┬── 延平郡王（台灣）
　　　　　　　│　　　　　　├── 廣澤尊王（泉人）
　　　　　　　│　　　　　　├── 開漳聖王（漳人）
　　　　　　　│　　　　　　└── 三山國王（客人）
　　　　　　　└── 司法神 ──┬── 城隍、土地、二十四司官
　　　　　　　　　　　　　　└── 青山王、境主公、五營

陰府行政神 ──┬── 東嶽大帝（嶽帝爺）
　　　　　　　└── 地藏王（地獄救主）

一殿：秦廣王
二殿：楚江王
三殿：宋帝王
四殿：五官王
五殿：閻羅王
六殿：卞城王
七殿：泰山王
八殿：都市王
九殿：平等王
十殿：轉輪王

文判
武判
牛爺
馬爺
七爺
八爺
鬼役
刑役

（摘錄自董芳苑的《探討台灣的民間信仰》）

# 城隍爺的錄用資格

《聊齋誌異》是一部著名的談論鬼怪傳奇小說，其中一篇〈考城隍〉描述宋代有一名孝子宋燾有一天突然臥病在床，睡夢之中見有一位官吏牽著白馬來到家門口請他前往考試。於是宋燾騎上馬跟著官吏來到一座宮殿，看到許多人都已就位寫考卷，考試題目是：「一人二人，有心無心」。宋燾找到自己的位子開始提筆寫卷子，寫下了「有心爲善，雖善不賞。無心爲惡，雖惡不罰。」考官看了讚賞不已，於是封宋燾爲

考官對孝子宋燾的考卷讚賞不已，於是封宋燾爲河南城隍爺。

河南城隍爺。不過宋燾並未當場答應，而是懇求考官，待奉養老母安享天年後再補錄用。

從這篇小說中約略可以知道，原來有時候城隍的職務也是需要透過考試才能獲取，就像現在的公務人員考試一樣，而且應考者還需要具備某種資格，如孝子、清官、有才德之人。

台灣民間信仰中，也有類似的看法，城隍爺不僅有轄區的限制，而且城隍爺如同今日的縣長一樣，並不是固定同一個人，任期長短也不一，甚至做不好還會有下台的可能。畢竟城隍爺主掌人間善惡禍福，本身必須有才有德才行。文化大學中文所王琰玲的碩士論文《城隍故事研究》有詳細的分析與介紹。

全省各地的城隍廟其城隍爺造型不盡相同，圖為台灣府城隍廟城隍爺的分身。

大體而言，擔任城隍爺必備的條件可歸納成以下三點：一、在世的時候是忠良孝悌有德行的人。二、生前是有才學教養、正直無私或是為人稱道的好官。三、其他不在前項所限。

台灣現有的城隍廟中，嘉義新塭城隍廟裡的城隍爺傳說是因為生前行善，所以去世後受封為城隍，屬於第一類。清代道光年間淡水廳同知曹士桂，因勤政愛民普遍得到人民愛戴，後因積勞成疾卒於任內，因此傳說其後來就任新竹都城隍爺；曾任基隆海防通判的包容，生前勤政愛民，極具聲望，死後被封為基隆城隍爺，上述是屬於第二類型。此外台南小南城隍廟所供奉的城隍爺中，其中一位傳說是鴨母王朱一貴；高雄彌陀城隍廟裡的城隍爺傳說是溺水亡魂顯化受封的，這些就屬於第三類。

台南小南城隍廟供奉的城隍爺，傳說是鴨母王朱一貴。

## 水鬼變城隍

有一則廣為流傳的台灣民間故事提到，如果水鬼心地善良，當水鬼期間不找替身頂替，水鬼熬了久了也能升任為城隍。

台灣民間傳說中認為當水鬼是件痛苦的懲罰，除了要忍受炎夏酷熱的日頭、寒冬冷冽的溪水，雨天雨滴打在水面上更好像竹子在抽打皮骨，苦不堪言。因此當水鬼滿三年可輪迴時，莫不引頸企盼替身到來，以便能脫離苦海。

話說嘉義水上有位年輕人叫林福，雖然從小家境清寒，但心地善良的他，奉養雙親卻從不懈怠。及長到鄰近村落大戶人家當長工，勤奮工作數年後，正當滿心歡喜準備返鄉孝親時，途中遇到強盜搶劫，數年辛苦的積蓄頓時化為烏有。林福面對如此打擊，悲從中來，深感辜負雙親期待，竟一時想不開，躍八掌溪自殺成了水鬼。

變成水鬼的林福心中萬分懊惱沮喪，更對自己不孝的行為感到後悔不已，然而一切都太遲了，只好年復一年忍著豔陽曝曬、冷水浸潤，終於熬了三年等到一個可以轉世投胎的機會。原來這天隔壁村子的張家媳婦受不了婆婆的欺負，竟一路哭哭啼啼來到河邊尋死。心地善良的林福不忍看到悲劇發生，偷偷用水草將小媳婦的腳勾住救了她，但自己卻也失去了一次轉世投胎的機會。

接下來的三年更難熬，尤其第二年經常下雨，雨滴有如竹鞭抽在皮骨上，疼痛難當。好不容易歷經三年的煎熬等待，又等到了第二次投胎轉世的機會。這天村子裡的李家小孩因天氣熱來到河邊玩耍，一不留神滑落溪邊載浮載沉，這時林福又不忍心，於是再用水草將小孩的腳勾住救了他，自己又失去了第二次轉世投胎的機會。

連續錯失了兩次機會，對林福而言僅剩最後一次機會了，再不把握就將成為孤魂野鬼永無轉世的機會。三年之後林福終於遇到一位落第書生。原來書生名落孫山加上盤纏用盡，愧對家鄉父老，一時想不開而跳河自殺。面對這最後一次機會，林福心中善念又起，體念其家有年邁雙親，遭遇又和自己相近，將心比心，於是在最危急時又救了書生。

雖然錯失三次投胎機會，但林福的一舉一動卻被當地的土地公詳細記錄並稟告上蒼，玉皇大帝得知後深受感動，為嘉許其義行，於是封他為嘉義的城隍。

這段小故事也延伸出兩句台灣歇後語，一為「水鬼變城隍」，其意思為心存善念者也有時來運轉、獲得高升的時候。二為「水鬼騙城隍」，意指城隍爺乃水鬼出身，水鬼如何能騙城隍？其意思為外行想騙內行是不可能的。

# 城隍廟與東嶽殿

　　如果說城隍爺是掌管行政的司法神，那麼「最高法院」應該就是「東嶽殿」了。「東嶽殿」主祀東嶽大帝，又稱為「東嶽泰山天齊仁聖大帝」，民間相傳東嶽大帝為《封神演義》中的黃飛虎，輔佐周武王伐紂時陣亡，後來姜子牙封神時，受封為「東嶽大帝」，為五嶽之首，執掌幽冥地府，權司人間生、死、福、祿、壽，主要負責陰間司法刑獄，因此民間才有城隍爺初審，然後再由東嶽大帝覆審之說。

　　台灣最古老的東嶽殿位於台南市民權路上，相傳建於明永曆二十七年（1673），為台灣奉祀東嶽大帝的祖廟，俗稱嶽帝廟。相傳嶽帝廟原為明鄭時期鄭成功東渡來台時，官兵害怕瘴癘之氣，大多佩戴職掌生死的嶽帝廟香火袋護身，後來官兵將香火袋懸於今台南東門圓環附近，並結成草庵建廟，再由鄭經將舊廟遷到今址重建，即今日的東嶽殿。

　　由於東嶽殿的性質接近城隍廟，因此早期受到官府的支持，地方官員常出面整修，如

台南市民權路東嶽殿的三殿主祀酆都大帝，執行善惡功過。

新竹東寧宮的門神分別是風、調、雨、順四大天王，圖為雨（右）、順（左）天王。

威靈聲震東寧遠達四方

民間傳說東嶽大帝主要負責陰間司法刑獄，圖為新竹東寧宮東嶽大帝。

一般祭祀東嶽大帝的廟宇往往同時也會奉祀地藏王菩薩。圖為新竹東寧宮的地藏王菩薩。

康熙年間台南知府蔣毓英、台夏道高拱乾及乾隆年間舉人許志剛、貢生陳國瑤等皆曾倡捐重建。嶽帝廟歷經數度擴建，在清代中葉時已是三進雙護龍外加鐘鼓樓的大廟，可惜在日治時期配合市區改建，廟前街道拓寬，因此鐘鼓樓、三川殿都被拆毀。民國六十八年拓寬廟前建國路為十五公尺，拜殿又被拆除，造成廟宇空間再度內縮，全廟僅剩正殿及後殿兩進，而正殿又緊鄰馬路的窘狀。雖然民國八十三年在信徒募款重建下，恢復原有的三進格局，可惜正殿空間依舊狹窄，緊鄰馬路。

　　東嶽殿正殿主祀天齊仁聖大帝即東嶽大帝，其前有彭祖、甘羅，再往前則有牛爺、馬爺與七爺、八爺，而功德司爺與速報司爺從祀在兩側。二殿主祀地藏王菩薩，兩旁陪祀十殿閻王、七爺、八爺及催魂攝魄將軍。三殿主祀酆都大帝，當東嶽大帝覆審之後，隨即發送至十殿閻王或酆都大帝處，按善惡功過加以執行。其中正殿與後殿牆壁上有各閻王殿的圖畫，警世意味濃厚，令人印象深刻。

台灣府城隍廟在刑具之上所懸掛的「放告」牌示。

### 告陰狀

　　在今日社會，當人們彼此間產生糾紛而無法排解時，當事人往往會循司法途徑處理。然而在過去封建時代，當百姓「有理無處說、有冤無處訴」時，通常會求助於平時祭拜的司法神明，如城隍爺、東嶽大帝、地藏王菩薩和大眾爺等。

　　所謂「告陰狀」又稱為「放告」或「燒王告」，只要到上述廟宇備好「牒文」或「訴狀」，向城隍爺、東嶽大帝、地藏王菩薩或大眾爺報告整個事件的原委經過，並請祂們做主，期能伸張正義、懲治惡人。由於在廟裡私下進行，並沒有公開或表態的風險，因此過去在台灣社會頗為流行。

　　其實這個現象反映出國人對於陰間司法體系的信心，即當無法透過官方的司法體系得到令人滿意的結果時，至少可以訴諸於較公正、講求善惡皆有業報的陰間司法體系，而這也同時說明台灣人對陰間司法體系懷著既恐懼又依賴的矛盾心理。

Chenghuang Temple

# 打城法事

　　由於民間信仰中認為東嶽大帝治理陰間司法刑獄，因此東嶽殿幾乎每天都有「打城法事」進行。「打城」的城係指枉死城，根據民俗學者黃文博的說法，打城並非真的攻打枉死城，而是至亡魂山領出亡魂，然後請求東嶽大帝釋放冤魂的一種法事，儀式有點類似法院的「保釋手續」。

　　會舉行打城法事，大多是因為家中不平安或不平靜。如果經乩童或枉姨指示，認為是死去的親人在陰間受苦，而對陽間家人作祟的話，就會透過道士或法師作法下到陰間，求請東嶽大帝赦旨，召請五營兵將打開枉死城，超渡出其魂魄，並進行牽亡、拜飯、施藥等儀式，最後再將魂魄送回陰間。

　　打城法事盛行於台灣南部地區，西港慶安宮後殿、台南市東嶽殿、高雄鼓山東嶽殿、鳳邑城隍廟後殿都是進行打城法事的主要廟宇。打城法事最常超渡的陰魂以未婚死亡的男子而無過嗣者、未婚死亡的女子而未「冥婚」嫁人者、流產兒或墮胎兒、難產而死亡者、凶死者（自殺、燒死、車禍、被謀殺、溺死等亡故者）為主。

　　以現代的眼光來看打城法事，係由法師、助手、靈媒等透過一連串表演的儀式，以求取最終為亡者超渡、為生者祈福的目的，因此如果對台灣民間信仰有興趣，而又不忌諱的朋友，可前往上述地點觀察打城法事的進行。

進行打城法事時，法師會手拿寶劍作法，並刺穿枉死城領出亡魂。

# 城隍爺與青山王

台灣民間信仰中除了東嶽大帝外，神格與城隍爺相近，又為一般民眾所尊崇的，就屬青山王。青山王又稱靈安尊王，傳說為三國時代東吳猛將張滾。由於張滾曾經屯兵泉州惠安地區，為人正直廉潔、智勇雙全，頗受地方人士愛戴。張滾死後受地方人士尊崇，成為泉州府晉江、南安、惠安三縣的守護神。民間信

艋舺青山王

仰中認為青山王有消除瘟疫的威靈，且神格和城隍爺一樣，掌理陰間司法。只不過城隍信仰為普遍的官民共祀，而青山王則以晉江、南安、惠安三縣移民奉祀為主。

奉祀青山王的廟宇稱為青山宮、青山王宮或青山王館，台灣所有奉祀青山王的廟宇中又以艋舺的青山宮最負盛名。相傳為清咸豐四年（1854）由惠安漁民返回家鄉，奉請青山王來台，青山王神輿由大溪口登岸後，途經今青山宮廟址時神輿無法前進，於是神輿暫放該處供民眾祭拜，其時適逢艋舺地區發生大瘟疫，罹病者紛紛前來祈禱求助，據說頗為靈驗，因此信徒大增，於是就在當地建廟並於咸豐六年（1856）落成。

由於青山王的神格與城隍爺接近，

青山王遶境，虎爺亦隨同出巡。

因此青山王的配祀也與城隍爺一樣，除了文、武判官外，也從祀有監察司、長壽司、獎善司、陰陽司、福德司、罰惡司、增祿司、速報司等八司及枷爺、鎖爺、七爺及八爺等。

艋舺青山宮枷爺

艋舺青山宮最引人注意的就是一年一度的「青山王祭典」，又稱為「迎青山王」或「青山王生」，為萬華地區最大且最具有特色的節慶活動。祭典日期從農曆十月二十日至二十二日，共舉行三天。規模之大、民眾參與之熱烈，與農曆五月十三日霞海迎城隍、農曆三月十四日的保生大帝出巡，並稱台北三大民俗盛會。

青山王遶境活動，首先於農曆十月二十、二十一日由青山王巡察暗訪揭開序幕，夜間七時青山王和所屬各部開始巡訪萬華的大街小巷，遊行的隊伍包括報馬仔、持頭燈、頭旗、扛土地公轎、持涼傘、蒲扇、長腳牌、金瓜鎚、戒板、藤條、香擔等相當熱鬧，二十三日為青山王誕辰，萬華地區舉行大拜拜。傳說暗訪時七爺、八爺以及什家將眾神兵身上所掛的鹹光餅，小兒食用後可保平安，因此其所到之處，常可見到信眾爭相摘取鹹光餅。

青山王遶境結束返回青山宮的盛況。

# 城隍信仰的社會意義

每年農曆七月十五新竹都城隍爺本尊出巡，官將首表演向來是信眾目光的焦點。

　　從明鄭在台灣設置了第一座城隍廟迄今，已有三百多年的歷史，而城隍廟的分布，也由台南一地遍及全台。對於城隍信仰而言，不論是早期由官方所設置的官祀城隍廟，或由移民依原鄉信仰所興建的民祀城隍廟，隨著時代演進，其所代表的社會意義也不同。

　　首先，過去封建社會，執政當局為了便於教化，往往透過城隍信仰，告誡人民不可為非作歹，否則死後難逃城隍爺的審判與制裁。今日已進入民主社會，科學昌明，城隍信仰失去了官方的支持，政治色彩早已淡化，但城隍爺所代表的變理陰陽、獎善罰惡、彰顯果報等功能卻深植人心，成為正義的化身。因此城隍信仰的普及對社會秩序與價值判斷的維護，應有正面的助益。

大稻埕霞海城隍爺的誕辰，早在日治時期就聞名遐邇。

　　其次，台灣城隍信仰歷經三百多年的發展，已從信仰的層次提升至社會文化的層次，就好像每年農曆五月十三日台北大稻埕霞海城隍爺的誕辰，不但吸引成千上萬的信徒夾道歡迎，也讓大稻埕熱鬧非凡，俗諺「五月十三人看人」便是形容當日萬人空巷的盛況。

進香朝聖提供善男信女另一種社交活動。

　　另外，每年農曆七月十五日中元節，新竹都城隍爺本尊出巡，賑濟孤魂野鬼，出巡隊伍往往長達數公里，更讓整個新竹地區為之沸騰。從這些城隍爺遶境等廟會活動來看，城隍信仰的確已融入了人們的日常生活中，成為生活的一部分，在這些活動中更可以令人感受到民間文化豐沛的生命力。

　　隨著時代的進步，社會的發展也由過去傳統農業社會邁入工商業社會，人與人之間的關係也因生活的繁忙而逐漸疏離。但透過民間傳統信仰不僅可增進人們相互間的了解，更可凝聚社區共同意識，例如城隍爺遶境出巡時，每次都要動員不少人參與和支持，其背後正有團結鄉里、維繫聚落感情的力量在推動著。此外，平常各類的進香朝聖活動和廟宇間「交陪祭」儀式，也提供了彼此間社交聯繫的管道。

新竹都城隍廟讓周遭的古老的行業如香燭業、金銀紙業得以維持下去。

　　早在日治時期的霞海城隍祭，當地的商家就懂得利用大批人潮促銷商品來增進商機。事實上這些廟會祭典活動的存在，不但讓許多古老的行業如香燭業、金銀紙業、糊紙業甚至道士業得以生存，延續迄今，而且其所吸引的大批人潮、觀光客，更對地方經濟有直接的回饋。此外，每次的進香朝聖活動，過程中的消費也對各地方經濟增加不少助益。

参

城隍廟的
編制

城隍廟在空間規劃上，往往是「三川殿」「拜殿」和「正殿」三者連成一體，呈一「工」字形，這種配置可產生莊嚴肅穆的氣勢。城隍廟的主祀神明是城隍爺，由於屬地方官，各地的城隍爺造型也都不一樣。除此之外，還有從祀、配祀、同祀的神明。

# 城隍廟的建築與配置

城隍爺被定位爲行政司法神，城隍廟就是城隍爺審理案件的辦公場所。早期官方所設立的官祀城隍廟，隨著城隍爺官階不同，城隍廟的規格也不同。不過台灣各地所設置的官祀城隍廟，在相關史書上僅有概述，少有詳細說明，唯獨台灣最早的城隍廟 — 台灣府城隍廟有圖可考。

從現存於台南台灣府城隍廟的「重修府城隍廟圖碑」

為避免夜間驚嚇到鄰居或過往行人，台灣城隍廟反而以朝官、衙差或神荼、鬱壘為門神佔多數。

可以發現，當時城隍廟的正身是四進三開間的格局，左右有龍虎牆，外圍有廂房，廟前有戲台，最後為大士殿，四周再以高牆圍住，規模宏偉。至於其他城隍廟雖然規模不盡相同，但祭祀空間卻大同小異。城隍廟在空間規劃上的特色，往往是透過「三川殿」「拜殿」和「正殿」

城隍廟內所常見的重複列柱，可營造出肅殺的氣氛。

三者連成一體，呈一「工」字形。這種配置的中央軸線，可產生莊嚴、肅穆的氣勢。相較於其他傳統寺廟，城隍廟在建築上透過高低起伏、明暗對比，加上逐段升起的地坪及一再重複的柱列，營造出壓迫、陰森肅殺的氣氛，而且越接近正殿越發幽森，很容易使參拜者懾服，進而產生恫嚇的效果，這點是一般寺廟少見的。

## 三川殿

進入城隍廟，首先映入眼簾的就是三川殿。依據李乾朗《台灣古建築圖解事典》解釋，所謂三川殿係指寺廟有三門的前殿建築，三川殿屋脊常配合開間分為

三川殿取其三門川流不息之意。

46

目前放置在台灣府城隍
廟內之「重修台郡各建
築圖碑──府城隍廟」。

中段高、左右略低的三段脊，使寺廟的立面更富變
化。由於三川殿是城隍廟的門面，加上採光好，因此
也是建築裝飾的重心，如台灣府城隍廟、嘉義市城隍
廟、新竹都城隍廟等，其三川殿藝術成就皆相當高，
值得駐足仔細欣賞。

　　三川殿上的門神為廟宇繪畫最醒目的地方。一般而
言，門神是為了捍衛門戶並突顯主祀神明身分，如佛
寺就常見四大天王或哼哈二將為門神，至於城隍廟理
應採用牛爺、馬爺等陰差為門神，但實際上為減少城
隍廟陰森、鬼魅之氣，並避免夜間驚嚇到鄰居或過往
行人，台灣少有看到以牛爺、馬爺為門神的城隍廟，
反而以朝官、衙差或神荼、鬱壘為門神佔多數。

## 城隍廟與縣署建築配置對照圖

城隍爺是地方長官，其地
位有如縣長，而城隍廟是
城隍爺的辦公場所，所以
城隍廟的建築配置就仿照
古代縣署。城隍廟的三川
殿猶如縣署的二門；拜亭
猶如大堂；正殿猶如二
堂；後殿猶如內堂；供奉
三十六司官的東西廂則猶
如六科官吏辦公的東、西
齋閣。

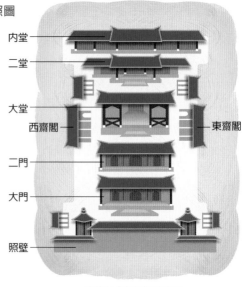

改繪自「淡水廳同知署」

## 楹對與匾額

步入三川殿迎面而來的楹對，往往將城隍爺掌管陰陽、主持正義的形象表露無遺，更是對作姦犯科者的當頭棒喝。例如台灣府城隍廟三川殿對聯：「問你生平所幹何事？圖人財，害人命，姦淫人婦女，敗壞人倫常；摸摸心頭悔不悔，想從前千百詭計奸謀，那一條孰非自作？來我這裡有冤必報！減爾算，蕩爾產，殄滅爾子孫，降罰爾禍淫；睜睜眼怕不怕，看今日多少兇鋒惡燄，有幾個到此能逃！」此時抬頭一望，會再看到「爾來了」的匾額，以及一個大算盤，提醒世人遲早都有到城隍爺前報到的一天，屆時公正無私的城隍爺會依據「善有善報、惡有惡報」

台灣府城隍廟三川殿對聯

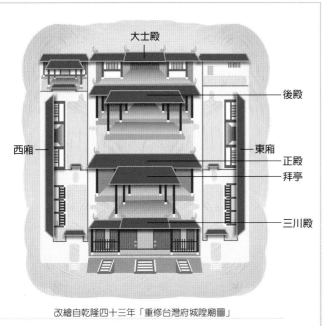

改繪自乾隆四十三年「重修台灣府城隍廟圖」

馬公城隍廟正殿前有單開間歇山重的拜亭，廟宇室內深邃幽暗，與三川殿以左右兩廂相通，為「四合院」格局，是澎湖地區相當有代表性的建築，已被列為三級古蹟。

的法則，將人們一生的所作所為仔細算個清楚。至於三川殿內兩側則供奉七爺、八爺，整體而言，整個空間警世意味相當濃厚。

城隍廟裡匾額和楹聯扮演很重要的角色，不僅將整個寺廟的氣氛一氣呵成，更給予人們想像空間，有別於其他廟宇。尤其搭配了表情凶惡的神像和昏暗不明的燈光，所醞釀出的恐怖氛圍更令人不寒而慄。城隍廟的匾額和楹聯強調因果報應及勸人為善，點出城隍爺佐理陰陽、善惡終有果報之說，其實這才是城隍廟想要傳達且觸動人心之處。

## 正殿

正殿為城隍廟主要的祭祀空間，其空間配置與昔日衙門之大堂相對應，為縣官辦公或審理司法案件的地方。正殿的核心為神龕，供奉著城隍爺神像，而神龕

前的案桌往往筆、硯、官印、筆山、文疏、驚堂木、
令箭桶等辦案器具一應俱全。神龕前左右兩側陪祀文
判官、武判官或陰陽司公，再往前兩旁會配置差役
（如董排爺、李排爺、枷爺、鎖爺）、牛爺、馬爺或
日、夜遊神等，至於正殿兩側則供奉六司爺或二十四
司等幕僚人員，空間配置讓人彷彿回到昔日縣府衙門
的公堂上，現場感相當逼真。

## 後殿

　　穿過正殿，就進入後殿的祭祀空間，後殿對應昔日
衙門之內室或群室，為昔日縣官宴席或生活起居之
處，屬於較私密的空間。不過由於光線充足，因此氣
氛較三川殿、正殿來得祥和。一般城隍廟後殿祭祀的
對象為城隍爺的眷屬，如城隍夫人或城隍少爺等，此
外有些城隍廟也會將同祀神明安置在後殿，如台灣府
城隍廟的觀世音菩薩、地藏王菩薩，鹿港城隍廟的觀
世音菩薩、註生娘娘等。

　　台灣許多城隍廟中，不論規模大小、建築規劃、藝
術欣賞皆有其可觀之處，
尤其是台灣府城隍廟、嘉
義市城隍廟、新竹都城隍
廟、鹿港城隍廟、馬公城
隍廟、文澳城隍廟、大稻
埕霞海城隍廟等，在列入
國家級古蹟之後，歷經重
新修護整理，相當具有歷
史價值。

城隍廟後殿氣氛較三川殿、正
殿來得祥和，祭祀的對象通常
為城隍夫人。

## 城隍廟的祭祀神明

### 城隍爺

　　城隍廟的主祀神明當然是城隍爺,城隍爺屬於地方行政神,各地城隍爺的造型都不一樣,但也有些共同特徵,都是蓄鬚、著官服、臉部表情嚴肅,黑面、金面或赭面。造型都以文人為主,畢竟在人們的印象中,城隍爺係地方行政官,大體以文職為主。

　　台灣府城隍廟的城隍爺,其造型莊嚴肅穆、臉形溫文、蓄長鬚、雙手合掌於胸前、手掌奏板;舊城城隍廟的鎮殿城隍爺,其金身亦採文官打扮,體高七尺六寸、蓄長鬚、面貌威赫莊嚴、目光低視,彷彿在注視著前來祈求的善男信女。

　　參觀城隍廟往往會發現,城隍爺的塑像可能不只一尊,通常神龕前的案桌也會放置數尊相同的城隍爺塑像,供信徒們祭祀,這些都是城隍爺的分身。一般而言,神龕內的城隍爺其中一尊是鎮殿城隍,很少出廟

台灣府城隍廟
赭面城隍爺

門，許多公務如出巡、遶境就由其他分身代勞了。

　　台灣一般廟宇除了主祀的神明外，通常還會有從祀的神明，城隍爺扮演的角色既然類似今日的縣長，自然還有幕僚人員。隨著城隍廟規模不同，從祀的神明也會有差別，例如新竹都城隍廟歷史悠久，廟中從祀的神明數量不少；苗栗出礦坑城隍宮雖有百餘年的歷史，但因地處偏遠、香火不盛，廟內供奉的神明也就不多。不過無論是大廟或小廟，這些從祀神明扮演的角色，仍然可以對照昔日縣府衙門，有以下基本成員。

善男信女對城隍爺虔誠的信仰，百年不墜。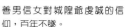

新竹都城隍廟奉祀的神明眾多，一遇城隍祭，諸神明紛紛隨同出巡。

## 判官

這個職稱最早出現在唐代，是地方長官的幕僚，其職務主要是輔佐處理政事。此制度一直沿用到明清兩代，不過改稱為典史，前台大法律系教授戴炎輝於《清代台灣之鄉治》提到，縣通常設有典史，以捕盜為其任務，並兼司獄。判官只

台灣府城隍廟武判官

是一個通稱，隨著職掌不同名稱也不同。台灣的城隍廟都配有兩位判官，一文一武，因此稱為文、武判官。文、武判官分立於城隍爺左右兩側，可說是城隍廟的基本成員。

新竹都城隍廟文判官

文判官的職務為負責調查百姓品德善惡，執行各司的判文或檢閱紀錄做成判決書。由於文判官主要負責文書業務，因此其造形往往為白面書生狀，面貌較武判官溫和、清秀，扮相通常為慈眉善目、留長鬚、頭戴烏紗帽、一手持朱砂筆、一手持生死簿。

新竹都城隍廟陰陽司公

武判官的職務就是在文判官判決之後，負責執行犯人應得的罪行。因此其造型往往被塑造成黑面甚至青面之扮相，臉部表情怒目豎眉、威武凶猛，有時手中尚有戟或鞭等法器。

## 陰陽司公

台灣許多城隍廟都有奉祀陰陽司公，其職責為輔助城隍爺督察陰陽兩界，有點類似今日祕書長的角色。其臉部造型相當特別，為白、黑各半，令人印象深

刻。台灣廟宇奉祀的陰陽司公大都為從祀的身分，唯獨台南市公園路上有一間陰陽公廟，是目前台灣唯一以陰陽司公為主神的廟宇。

台南陰陽公廟

在台灣民間信仰中，陰陽司公所扮演的角色相當重要，因此許多城隍廟都將陰陽司公奉祀在比較重要醒目的地方，其中又以新竹都城隍廟的陰陽司公最為特別，每年於農曆七月初一下午四點左右代替城隍爺到北壇坐鎮半個月，並聽取陰間孤魂野鬼及陽間凡人的冤屈，此時許多民眾會揹著紙枷鎖跟隨（代表自己背負的罪過），乘機請陰陽司公代自己向城隍爺請求赦免，整個過程富有濃厚的地方風俗民情。

## 六司官

清代於縣衙內通常設有吏、戶、禮、兵、刑、工六房，以專其責。城隍爺既然是綜理陰陽兩界的地方官，因此城隍廟也跟一般的縣衙一樣，設有各部會以協助城隍爺處理地方各項事務，其部會長官統稱為司爺。

台灣的城隍廟往往設有延壽司、速報司、糾察司、獎善司、罰惡司、增祿司等六司官，但也有些城隍廟裡的司爺分為八司、二十四司，如台灣府城隍廟的二十四司分別為罰惡司、檢簿司、註

鳳邑城隍廟感應司司爺

鳳邑城隍廟罰惡司司爺

壽司、典籍司、文書司、學政司、良愿司、功曹司、掌案司、察過司、稽查司、賞善司、地獄司、驅役司、儀禮司、註福司、督糧司、巡政司、速報司、感應司、考功司、陰陽司、保安司、提刑司等。每座城隍廟所設置的司爺可能名稱不盡相同，但整體而言各司職掌與其司名相符。

## 排爺

　　排爺是指管理衙門皂班和快班（舊時衙門的差役分為三班，其中皂班和壯班負責內勤，快班負責緝捕、警衛工作。）的領導者，亦簡稱為班頭，專門負責衙門內執杖行罰的工作。在電視或電影中經常可以看到，昔日縣官升堂問案時，公堂兩側站了一排手持木棒的衙役，隨時聽候縣官差遣，這些衙役就是城隍廟裡的排爺。

　　排爺的造型各地不同，大體而言其造型不像七爺、八爺等那麼威武、凶惡，反而較具親切感。每座城隍廟的排爺稱呼不盡相同，如在新竹都城隍廟稱為董排爺、李排爺，而在宜蘭市城隍廟則稱為左排爺、右排爺，在馬公城隍廟則直接稱呼為班頭爺。

　　由於排爺是配置在城隍爺兩側，因此排爺的出現也是一對。

## 枷爺、鎖爺

　　俗稱金、銀將軍或大、小鬼，類似衙門裡的捕快、禁卒等差役。根據民間傳說，其主要職務就是負責將城隍爺審判完的亡魂與公文移送至閻羅王處。

新竹都城隍廟排爺

苗栗縣城隍廟鎖爺

台灣廟宇中，枷爺、鎖爺常出現在城隍廟、東嶽殿或青山宮等與主掌陰間司法有關的廟宇。

　　一般城隍廟所供奉的枷爺、鎖爺，外表大多為青面獠牙相，凶神惡煞般頗嚇人，城隍爺出巡或什家將表演時，常可看到祂們的身影。

大稻埕霞海城隍廟馬爺

## 牛爺

　　又稱牛將軍、牛頭，外型為牛頭人身，牛爺又叫阿傍、阿防。在佛教的《五苦章句經》中曾記載：「王告獄卒。汝便將去。到其劇處。獄卒名傍。牛頭人手。兩腳牛蹄。力壯排山。持鋼鐵叉。」文中所提到牛頭人手的獄卒，就是今日所看到的牛爺。另外《通俗編》引《冥祥記》稱：「宋何澹之得病，見一鬼，形甚長壯，牛頭人身，手持鐵叉。沙門慧義曰：『此牛頭阿傍也。』」此外有的佛經將牛爺又稱作「防邏人」，取巡邏防捕逃跑罪人之意。

大稻埕霞海城隍廟牛爺

## 馬爺

　　又稱馬將軍、馬面、馬頭羅剎，外型為馬頭人身。所謂「羅剎」原係指惡鬼，佛教許多經

書都把羅刹當做地獄之獄卒，職司為訶責罪人，其形象有馬頭人手等。因此不論牛爺或馬爺，都源自於佛教經書中地獄獄卒的描述，後來被道教所引用，在城隍廟或東嶽殿等可常看到祂們的身影，反是現今在佛寺中並不常見。

牛爺、馬爺既然是地獄的獄卒，因此其主要任務就是在陰間奈河橋兩側監視，遇有惡人通過，就將他們推落橋下，或者是到陽間押解壽命該終了之人，到陰間地府向閻羅王報到。

牛將軍、馬將軍係為老搭檔，因此同時出現。台灣的城隍廟中大多有奉祀，而擺設位置則在城隍爺前兩側。其造型除了常見之馬頭人身、牛頭人身外，也有的在帽子上加上牛或馬的造型。

大稻埕霞海城隍廟七爺

## 七爺

又稱謝將軍、大爺。七爺本名謝平安，其造型為臉白、身材瘦高、吐長舌，頭戴高高的帳帽，上面寫著「一見大吉」，右手拿著羽扇，左手拿火籤。

## 八爺

又稱范將軍、二爺。八爺本名范無救，面黑、身材矮胖，頭戴四角方帽，上面寫著「善惡分明」，右手拿虎牌，左手拿鎖鍊。

七爺、八爺為押解人犯到陰間審判的捕快，在衙門地位不高，卻令世人膽戰心驚。根據民間傳說，人的壽命將盡，閻王會派七爺、八爺去勾魂，一旦人的靈

魂被勾走，即馬上死亡，因此也稱黑白無常。

　　一般台灣廟會活動或城隍爺出巡時，往往在隊伍中可以看到七爺、八爺在前面開路，是民眾相當熟悉的神明。在城隍出巡的過程中，七爺、八爺常常扮演很重要的角色，裝扮上七爺、八爺總是背著雨傘、包袱及鹹光餅，手上分別持著火籤和虎牌。民間傳說，城隍爺出巡時，常會帶著虎爺伏妖降魔，但虎爺凶猛不易控制，這時八爺手上的虎牌就可用來控制虎爺。如果連虎牌也制不了，此時七爺手上的火籤，就是一項重要利器，只要火籤一出手，許多問題皆可迎刃而解。

大稻埕霞海城隍廟八爺

## 七爺、八爺的由來

　　民間傳說七爺、八爺自幼結義，情同手足。有一天相偕出外辦事，中途遇雨，七爺要八爺稍待，回家拿傘。豈料七爺走後，雷雨傾盆，河水暴漲，八爺不願失約，竟因身材矮小，被水淹死，不久七爺取傘趕來，八爺已失蹤，七爺痛不欲生，吊死在橋柱。閻王爺嘉勳其信義深重，命他們在城隍爺前捉拿不法之徒。

金門城隍祭虎爺

## 虎爺

　　虎爺為鎮守廟宇之獸神，一般廟宇皆在神龕下奉祀，民間亦有虎爺會「咬錢」的說法，因此又為財神。廟會中如逢虎爺轎，則以大量鞭炮轟炸，有越炸越發之意。新港奉天宮虎爺是奉祀在桌上且頭插金花，有「北港媽祖，新港老虎」之俗諺。

　　虎爺並沒有特定的造型，因此在台灣眾多廟宇中，可以看到各種不同造型的虎爺，有小巧可愛的，也有神情威武、表情嚴肅的，甚至古樸造型也有，樣式千變萬化相當有趣。

　　在台灣的民間信仰中，很少廟宇會將虎爺奉為主神，大多配祀於土地公廟或一般廟宇中，而彰邑城隍廟的虎爺在城隍爺高升為「仁愛侯」後，信眾認為其階段性任務已完成，便讓祂分靈至城隍廟旁的彰邑明聖廟當主祀神明，享受人間香火。

彰邑明聖廟的主祀神明
天虎將軍。

## 日遊神

　　傳說中日遊神遊盪於日間的四方，相傳從癸巳至戊申這十六日，分別處在屋內的東西南北中五方，乙酉至壬辰這四十四日則出遊，其所在方位，不宜安厝、打掃，甚至設床帳等，人們若沒避忌，沖犯了日遊神，就會大難臨頭，算是凶神惡煞的一種，誰遇到了誰就倒楣。

夜遊神

　　夜遊神則是於夜間四處巡行的凶
神，與日遊神輪流值班，一個專門在
白天出現，另一位則在晚上出現。日
遊神、夜遊神雖然是民間傳說中的凶
神，但在民間善書《玉歷寶鈔勸世文》
中的日遊神和夜遊神，則專司將人間
種種善惡呈報給玉帝，透過祂們不分
晝夜巡訪並詳細記錄，人們的所作所
為將無所遁形。

　　在台灣的城隍廟中，並不是每間都
有供奉日、夜遊神。但在有供奉的城
隍廟中，日、夜遊神的長相及造型卻
差異甚大，從青面獠牙到面露凶相都
有，畢竟日、夜遊神終究是民間傳說
的神話人物，從
來沒有人看過，
不過其共通點就
是之令人心生畏
懼、不舒服。

基隆城隍廟日遊神

基隆城隍廟夜遊神

# 城隍廟的其他神明

配祀神明：城隍夫人、大公子、二公子

　　台灣的城隍廟幾乎都有配祀城隍夫人，城隍夫人亦稱為配偶神，係指奉祀主神的配偶。一般最為人熟悉的配偶神就是土地公的配偶土地婆。

　　配祀城隍夫人並非源自台灣民間信仰，早在宋代就有城隍夫人的傳說，到了元代文宗天曆二年（1329），朝廷為體恤城隍爺一人主事，難免孤獨寂寞，乃配享夫人，正式將城隍夫人加以封賜，往後更形成配祀城隍家族。台灣一般的城隍廟除了城隍夫人外，尚有配祀城隍爺的大少爺和二少爺，或大小姐和二小姐，甚至是大媳婦及二媳婦等，饒富溫馨趣味。

新竹都城隍廟
城隍夫人

　　一般城隍夫人的造型，大多慈眉善目、和藹親切，相較於城隍爺更容易讓人親近。台灣的城隍夫人皆是以配偶神的身分為民眾所奉祀，唯獨台中龍山大廈宮是以城隍夫人為主神，不過該廟已脫離城隍信仰的範

新竹都城隍廟
二少爺

新竹都城隍廟大少爺

　圍。至於城隍爺的大少爺和二少
爺，有的廟宇尊稱祂們為城隍太
子，其造型各憑想像，各地的城隍
太子面貌差異甚大。

　　城隍廟除了祭祀與城隍爺有關的神明外，往往還會
同時祭祀其他神明，至於祭祀哪些神明，則視當地信
徒需要而決定。一般城隍廟較常見的同祀神明是地藏
王菩薩、註生娘娘、臨水夫人和福德正神等。

## 地藏王菩薩

　「地獄不空，誓不成佛！」是人們對地藏王菩薩最
深的印象，也是如此偉大的胸襟，讓祂在台灣廣受信
徒尊崇。地藏比丘原名金喬覺，為新羅王族，相貌奇
特，頂骨高聳，穎悟異常，二十四歲剃髮出家為僧，
法號地藏。地藏出家以後，即攜白犬善聽來到中國，

台灣府城城隍廟供奉的地
藏王菩薩

遍訪適合修道的名山大川，最後看見九華山狀如蓮花，峰巒俊秀，山川幽奇，於是選擇了一個平坦的巖洞潛心修行，此地則成為他說法的道場。

地藏於九華山修道弘法七十五年後，以九十九高齡端坐圓寂，眾僧將其肉身置於石匣中，三年不壞，顏貌如生。後人迎其肉身入神光嶺月身寶塔，進塔時只聽到骨節動搖如金鎖撼鳴，有如經中所記載的：「菩薩骨鎖，百骸鳴矣。」於是世人認為地藏比丘為地藏王菩薩之轉世化身，因此廣塑雕像頂禮膜拜。

萬華地區的咖蚋地藏庵

在台灣民間信仰中，地藏王菩薩又稱幽冥教主。傳說冥府十殿閻王，都屬地藏王菩薩所統轄，祂時常現身於地獄之中，救地獄眾生之苦，所以世人稱之爲幽冥教主。地藏王菩薩檢察人間善惡，因此台灣除了專門祭祀的廟宇外，許多城隍廟也會供奉。

新竹都城隍廟的註生娘娘

## 註生娘娘

註生娘娘俗稱註生媽，民間傳說註生娘娘是掌管人間生兒育女之神，主司授子、安產、護兒等神職，常爲久婚不育、安胎待產或養育小孩之婦女所虔誠奉祀。至於註生娘娘究竟是誰，說法不一，但最常爲人們所提及的是《封神榜》故事中的金霄、銀霄和碧霄三姊妹。這三位原是峨嵋山羅浮洞洞主趙公明的妹妹，也是龜靈聖母的門徒，在三霄洞以產盆修練成「混元金斗」，後來爲了替大哥趙公明報仇而擺下黃河陣，造成不少神仙傷亡，最後元始天尊下凡，才破除黃河陣，金霄、銀霄、碧霄亡於陣中。姜子牙奉玉帝封神時，特別敕封她們爲「感應隨世仙姑」，掌管註生之事。因此大多數人所稱的「註生娘娘」其實是金霄、銀霄、碧霄三者一體。

一般台灣廟宇中，很少有以註生娘娘爲主神的，祂通常是許多廟宇的同祀神明。註生娘娘不戴紗帽，梳捲髻髮，保留漢唐婦女髮型，臉龐豐盈，短鼻粗寬，嘴唇微揚，雙眸細瞇，左手執生育簿，右手執筆，服飾則爲明清的婦女服。其中生育簿詳細記載每一婦女能生育多少兒女。

台南臨水夫人廟的花公花婆

台南臨水夫人廟，中為臨水夫人。

## 臨水夫人

同祀的女性神明除了註生娘娘外，另一位就是臨水夫人。臨水夫人又稱「順天聖母」「順懿夫人」，為唐時福建古田縣臨水鄉人，姓陳名靖姑，生於唐代宗大曆二年（767），父陳昌、母葛氏、夫劉杞。

據說陳靖姑年少時異常聰穎，而且有通靈能力，年長嫁給劉杞為妻。懷孕時正逢福建一帶大旱，陳靖姑雖然已懷孕數月，但仍設壇施法祈雨，果獲普降甘霖，旱象隨即解除，但她卻也因此動了胎氣，流產死亡，年僅二十四歲。死時發下誓言，死後要做助產神，專門救助難產婦女。因此，民間信仰中認為產婦如果想要生產順利，就要祭拜臨水夫人，想要生子則祭拜註生娘娘或送子觀音。

台灣祭祀臨水夫人最有名的廟宇為台南臨水夫人廟，廟裡除了奉祀臨水夫人外，尚有奉祀註生娘娘、花公、花婆、三十六婆姐、齊天大聖等。根據當地傳說，樹象徵男人，花象徵女人，而花開幾朵，則表示能夠生育幾胎。如果開白花表示生男孩，開紅花表示生女孩，皆由註生娘娘安排決定。婦女懷孕後，會由花公、花婆如園丁般細心照顧腹中胎兒，使其平安出世。小孩出生後到十六歲間，會由三十六婆姐庇佑其成長，就如同保母般呵護，如遇有小孩調皮搗蛋，則會有齊天大聖來管教。因此從懷孕、出生、照顧到長大成人前，都有相關神明來護佑，非常富有人情味。

台南臨水夫人廟的齊天大聖

## 福德正神

福德正神又稱土地公，是台灣民間崇拜的神明中數量最多的。從街頭巷尾到田間林野，都有祂的蹤跡。土地公原是土地之神，屬自然崇拜，職掌農作物生長，是農家的保護神。但隨著社會的發展與變遷，土地公被賦予了財神爺之職，因此廣受各階層人士祭拜，祈求土地公庇佑生意興隆、事業發展。

由於土地公的信仰深入民間，給人們的印象就好像里長伯一樣，與生活中大小事息息相關，因此在城隍信仰中，土地公自然成為城隍爺的下屬。台灣許多城隍廟都有祭祀土地公。

中寮安溪城隍廟的土地公

肆

城隍廟的祭典

清代官方的城隍祭祀分為廟祭與壇祭，但隨著政權移轉及
官方色彩消失，城隍廟祭典也隨之改變，取而代之的是民
間廟祭和迎神廟會。

# 清代官方的祭典

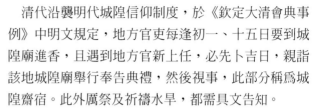

清代沿襲明代城隍信仰制度，於《欽定大清會典事例》中明文規定，地方官吏每逢初一、十五日要到城隍廟進香，且遇到地方官新上任，必先卜吉日，親詣該地城隍廟舉行奉告典禮，然後視事，此部分稱為城隍齋宿。此外屬祭及祈禱水旱，都需具文告知。

民間傳統信仰中認為陽官僅能處理陽世間事務，能力有限，而城隍主掌陰陽，能處理現世善惡和吉凶禍福。朝廷運用百姓敬畏城隍的心理，達到其駕馭的目的，使百姓安分守己，便於統治。至於城隍為地方行政官的身分，則能監督地方官員，因此督官懾民、政權穩固才是執政當局崇敬城隍最終的目的。

### 廟祭

城隍爺官階不同，排場規模也有階級之分。

一般而言，官方的城隍祭祀分為廟祭與壇祭。所謂廟祭係指祭典儀式於城隍廟內進行，祭祀對象以城隍廟神明為主。清代官祀依祭祀對象分為大祀、中祀及群祀三種，其中城隍廟屬於群祀。《噶瑪蘭廳志》之祀典對於城隍廟祭有一段描述：「『通禮』祭都城隍之禮：歲秋諏吉，遣官致祭；陳牛一、羊一、豚一、果實五盤，承祭官行三跪九叩禮，迎神、上香、奠帛、讀祝、三獻爵、送神、望燎，均如儀。」整個儀式簡單隆重。不過城隍廟祭在台灣各地並不普遍，許多地方志書提到春、秋並無專祀。

## 壇祭

　　至於壇祭，則往往與風雲雷雨、山川並壇而
祀，地點必在露天的場合。凡祈水旱，必先牒
告於城隍廟而後祝禱於壇。以台南府城爲例，
其風雲雷雨山川壇建於康熙五十年（1711），高
二尺五寸、方廣二丈五，四出陛南向五級，東
西北各三級。春、秋二仲上已之日各舉行一次
祭典。壇設神牌，赤質金字，風雲雷雨之神居
中，府城境內山川之神居左，城隍之神居右，
祭典結束將各神牌收藏於台灣府城隍廟。

新竹都城隍廟祭也就是中元
節，近似於過去的「厲祭」。

## 厲祭

　　厲祭依據字面解釋，所謂厲者，《春秋傳》：「鬼
有所歸，乃不爲厲。」一般人死後通稱鬼，凶死或橫
死者爲厲，爲避免厲鬼作崇危害活人，因此以往官方
會透過厲祭來懷柔厲鬼，以達到人鬼間的和諧。依
《淡水廳志》記載：「厲祭；直省、府、州、縣歲三
月寒食節，七月望日，十月朔日，祭壇於城北郊。前
期守土官飭所司具香燭，公服詣神祇壇以祭厲，告本
境城之位。至日，奉請城隍神位，入壇設於正中。守
土官行禮畢，仍奉城隍位，還神祇壇。退。（淡水惟
七月祭）」

馬公城隍廟是澎湖地區普渡的
重鎮。

　　厲祭有點類似今日的中元節普渡，台灣許多城隍廟
仍於中元祭典中扮演重要角色，如宜蘭地區每年中元
節的首普儀式就在宜蘭市城隍廟舉行；嘉義市城隍廟
於農曆七月一日前夕，舉辦開鬼門關的法會儀式，前
一晚並以城隍廟爲輪普首站。

# 城隍爺遶境祭典

雖然清代官方的城隍祭祀分為廟祭與壇祭，但隨著政權的移轉及官方色彩消失，城隍廟祭典也隨之改變，取而代之的是民間廟祭和迎神廟會。所謂民間廟祭係指在沒有官方資源挹注下，純粹以民間的力量，於城隍爺誕辰之日舉辦祭典。台灣許多城隍廟都會於城隍爺誕辰日舉辦年度城隍祭典。以嘉義市城隍廟為例，每年農曆八月初一，廟方都會仿照祭孔儀式舉辦城隍廟祭典活動，並且邀請地方首長擔任主祭官。

遶境又稱巡境或出巡，係指廟裡的主神利用生日或是特別選定的一天，出廟巡視，訪查所管轄的範圍，類似今日地方首長巡視基層，是台灣民間信仰中重要的習俗之一。出巡訪查的活動，一來不僅能藉由神明的力量，將地方不好的事物（如瘟疫）或厄運去除，為地方帶來平安，二來也透過這樣的訪查活動，更加確立神明所管轄的範圍。台灣許多城隍廟舉辦的城隍

大稻埕霞海城隍祭有「台北迎城隍、北港迎媽祖」的盛名，其所動用的人力、物力相當可觀。

城隍祭中城隍爺的神轎出現時，會以燃放鞭
炮表示歡迎，是遊行隊伍中的高潮。

金門城隍祭的八爺造型特別嬌小。

孩童在城隍祭也會粉墨登場。

爺出巡遶境，往往規模盛大，動員人力眾多，整體開銷所費不貲，因此各地城隍廟遶境的頻率並不一定，如彰邑城隍廟就每隔十二年才舉辦一次，嘉義市城隍廟每隔四至五年舉辦一次。

　　不過也有城隍廟會每年定期舉辦城隍爺遶境出巡，其中又以每年農曆五月十三日的台北大稻埕霞海城隍廟城隍爺出巡活動最負盛名。早在日治時期，大稻埕霞海城隍爺出巡就已是家喻戶曉的活動，有「台北迎城隍、北港迎媽祖」的盛名。

城隍爺出巡遶境前一
晚,牛爺、馬爺暗訪緝
拿奸逆。

準備城隍爺出巡,臉譜
描繪是一項重要工作。

一般城隍爺出巡遶境,往往由前一晚的「暗訪」揭
開序幕。所謂「暗訪」係指城隍爺利用前一晚出外巡
查,緝拿壞人。城隍爺暗訪時,通常停鑼息鼓、默默
巡行,以避免驚擾奸邪,期能出其不意將其一網打
盡。此時城隍爺駕前的七爺與八爺手持鐵鍊、手銬、
火籤及虎頭牌,象徵執行公務驅魔除惡,而城隍爺所
到之處的沿途商家,也都會準備香案供品焚香祝禱,
恭迎城隍爺聖駕。

龍陣是廟會祭典中常見的表演。

在城隍爺暗訪後的次日，則爲白天出巡。此時七爺與八爺手中的法器則改爲扇子及手帕等，此輕鬆的裝扮象徵昨晚的暗訪已將地方的奸邪肅清，因此無公務在身。這時城隍爺浩浩蕩蕩出巡探訪民情，好像地方官員下鄉訪視，因此所到之處鑼鼓齊鳴，排場宛如古代大官出巡，聲勢相當浩大。

一般城隍爺出巡的隊伍包括報馬仔、地方長老、開路的路關牌、大旗令號、開路大鼓、七爺、八爺、執事牌（肅靜、迴避、敕封顯佑伯）、差役、涼傘、爐主及神明轎班，浩浩蕩蕩好不熱鬧。不過隨著城隍爺官階的不同，排場規模也有大小階級之分，如府城隍爺坐十六人抬大轎，而縣城隍爺則減半爲八人抬大轎，儀仗旗牌也是府城隍爺的一半，相同的是兩者聲勢與氣氛都很浩大、森嚴。

宜蘭市城隍祭大仙尪進行暗訪。

## 城隍爺遶境隊伍圖解

### 報馬仔

遶境行列中位於最前端的人物，沿途敲鑼告知信眾，遶境的隊伍即將到達。其裝扮為眼戴老花眼鏡、留燕尾鬚、頭戴斗笠（防曬）、一隻腳穿草鞋另一隻赤足（象徵趕路太急，草鞋掉了也來不及撿回）、肩挑紙傘（防雨）、前提銅鑼、後掛豬蹄（長生肉）或韭菜（長生菜）。

### 路關牌

路關牌位於遶境隊伍的最前鋒，上面書寫著遶境的路線。所有隊伍要依據路關牌上的路線出巡。

### 執事牌

係指位在隊伍前面長方形的木牌，下有木柄可供抱握，一般都是將主神名號、廟名、肅靜、迴避等直接刻在木牌上。為古代官員出巡的前導隊伍演變而來的。

### 轎前吹

透過嗩角、鼓、鈸、嗩吶等樂器沿途吹奏，不僅具有開路作用，也以喧譁而具節奏感的聲音讓沿途的居民得知遶境隊伍及城隍神轎即將通過此地。

城隍爺轎　　隨香隊

涼傘

香擔　　馬頭鑼

路關牌

長老

頭燈

報馬仔　　頭旗

嗩角　鼓鈸　嗩吶　　開路大鼓　　八爺　　七爺

**大旗**

長方形紅絨布綴有流蘇，旗面繡有「城隍爺聖駕」等字樣及龍鳳圖案，由兩人扛抬。

**馬頭鑼**

民間傳說響亮的鑼聲具有驅邪趕煞作用，因此遶境隊伍遇到喪家、墓地、過橋、地下道時，都必須連續敲擊，直到通過後才又恢復正常。

**涼傘**

造型為直筒圓形，上面繡有城隍爺的名號，以八仙和龍鳳等為圖案，有人沿途不停地旋轉，遠望猶如一把傘，是城隍爺沿途遮陽歇涼之用。

城隍廟

燈

大旗

虎爺

轎前吹

印童

劍童

執事牌

伍

台灣的

官祀城隍廟

官祀城隍廟的建置，其緣由是主政者為求得統治之順利，以神道設教，以達安定民心教化之效果，即所謂督官懾民，另外也配合官方定期舉行祭祀典禮。因此其建置規模有一定標準，不僅在信仰上有城池的意涵，連祭祀的空間也與傳統建築的禮制觀念相切合。

78

# 台灣府城隍廟

建於明永曆二十三年

1669

　　明永曆十八年（1664），鄭經將赤崁地方由東都改稱東寧，並升天興、萬年二縣爲二州，設立所謂「十字街」，將市街分成東安、西定、寧南、鎮北四坊，街坊成形之後，當時官民紛紛將原鄉的信仰或廟宇引進。依據考證，當時文廟建在寧南坊，武廟位在鎮北坊，而府城隍廟則位在當時東安坊，設置的年代相傳爲明永曆二十三年（1669），爲台灣最早的城隍廟。

## 清初爲四殿兩廂房式的建築

　　台灣入清版圖後，清廷決議設台灣府，下轄台灣、諸羅、鳳山三縣，改鄭氏之天興州署爲台灣府署，原有之州城隍廟因此升格爲府城隍廟。初設置的台灣府城隍廟規模並不大，但入清後隨著歷任官員的倡修整建，規模日漸擴增，其中又以乾隆四十二年（1777）當時知府蔣元樞捐俸重修，最受人們注意。從當時所留傳至今之《重修台郡各建築圖說》來看，目前府城

今日台灣府城隍廟的三川殿緊臨著大馬路，顯得相當侷促，氣勢盡失。

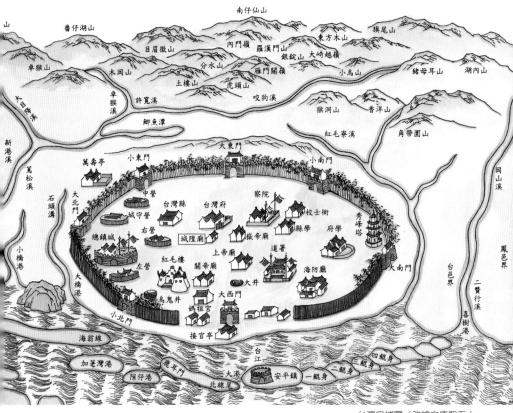

山

番仔湖山

南仔仙山

目眉徹山

內門嶺

羅漢門山

旗尾山

東方木山

卓猴山

木岡山

分水山

銀錠山

大崎越嶺

土樓山

雁門關嶺

小烏山

豬母耳山

湖內山

卓猴溪

許覽溪

虎頭山

咬狗溪

猴洞山

香洋山

角帶圍山

大田降溪

鯽魚潭

紅毛寮溪

新港溪

篤松溪

紅毛寮溪

岡山溪

石頭溝

大北門

萬壽亭

小東門

大東門

小南門

鳳邑界

小橋港

中營

台灣縣

台灣府

察院

校士街

秀峰塔

城守營

右營

縣學

府學

台邑界

大橋港

總鎮城

城隍廟

嶽帝廟

道署

二贊行溪

喜樹港

左營

紅毛樓

關帝廟

上帝廟

海防廳

大南門

烏鬼井

大西門

大井

海翁線

小北門

媽祖宮

接官亭

加荖灣港

鯤身門

大港

北線尾

台江

安平鎮

一鯤身

二鯤身

三鯤身

四鯤身

隊仔港

台灣府城圖（改繪自康熙五十一年〔1712〕的《重修台灣府志》）

隍廟的建築格局應該就是在這時候確立的，其整體配置為前殿、正殿、後殿、大士殿，兩旁則是廂房，是一座四殿兩廂房式的廟宇建築。

府城隍廟在蔣元樞重修後香火日盛，成為地方官民重要的祭祀廟宇，爾後廟方陸續增建戲台及位於大士殿右側紀念台灣知府蔣毓英的蔣公祠，成為今天所見的台灣府城隍廟。可惜日治以後，府城隍廟失去了官方的庇蔭，再加上殖民政府不重視地方傳統信仰，日治初期此地甚至充當步兵營，後來又改為官舍、憲兵隊，最後淪為一般地方性廟宇。到了明治四十年

蔣元樞重修城隍廟碑

80

台灣府城隍廟的後院景
緻非常宜人。

台灣府城隍爺分身

（1907）實施市區改正時，將廟前原有的寬廣廟埕，劃爲道路用地，而大士殿右側的蔣公祠也在日治初期傾倒不見蹤影。光復後雖然台灣府城隍廟經過重修，然而到了民國七十一年，都市計畫將廟前青年路拓寬爲十五公尺的馬路，造成府城隍廟三川殿緊臨著大馬路的窘境。

## 曾是全台位階最高的城隍爺

台灣在建省之前，政治重心一直位於台南府城，曾經有一段很長的時間，府城隍爺是全台位階最高的城隍爺，封號威靈公。當時每逢府州縣官入境到任，都必須先到府城隍廟謁見城隍爺。在民間信仰傳說中，認爲城隍主掌陰界事項，因此當人死後，靈魂先由城隍爺初審，然後再由東嶽大帝覆審。因此與台灣府城隍廟相隔不遠的東嶽殿，同爲府城兩大著名掌管陰司

的廟宇。

　　現今的府城隍廟為三進帶雙護龍的建築，依序為三川殿、拜亭、正殿、後殿及左右廂房所組成。身為陰間的衙門，自然講究排場氣氛，因此廟內空間左右封閉，走道較長，讓人感到陰森可怖，不像其他廟宇來得明亮。步入三川殿，左右兩側可以看到七爺、八爺的神像，抬頭仰望可見匾額上題有「爾來了」三個字，警世意味相當濃厚，為台南府城三大名匾之一。進三川殿門回首仰望，一方大算盤高掛門楣，彷彿告訴人們「人算不如天

「爾來了」三個字，象徵著城隍爺無上的權威，與天壇的「一」字匾、竹溪寺的「了然世界」匾，合稱府城三大名匾。

台灣府城隍廟城隍爺出巡用的大算盤長達三米六，現置於廟內的文物陳列室。

算」，縱使多麼奸邪狡猾，來到這裡，一切善惡功過皆逃不過城隍爺的法眼，以此告誡人們不要心存僥倖。

接近拜亭的兩邊柱子上，掛著許多古代刑具如腳鐐手銬、夾棍短刀、皮鞭枷鎖等，甚至還有許多不知名的刑具，搭配柱子上所掛著「聽審」「放告」等告示牌，讓人有如置身於古代公堂之上。府城隍廟既為陰間的「府衙」，其刑制自然與昔日府署衙門相同，甚至連「辦案」所使用的刑具也不例外，只不過尺寸略為縮小。

步入正殿，肅穆莊嚴的城隍爺高居神龕之上，其造型為面黝黑、蓄長鬚、雙手合抱持奏板，而分立於兩旁的則是文、武判官，其中手持生死簿的是文判官，記錄每個人生前功過善惡，及所應得的獎懲，

台灣府城隍廟城隍爺辦案時所用的刑具。

每當考季來臨，考功司、學政司神案前全是紅色的祈願紙。

差役　　　八爺

七爺

虎爺

而武判官則負責判決後的執行。再往前則為一高一矮的七爺、八爺護衛在城隍爺前。正殿兩側為二十四司官，分別為罰惡司、檢簿司、註壽司、典籍司、文書司、學政司、良愿司、功曹司、掌案司、察遇司、稽查司、賞善司、地獄司、驅役司、儀禮司、註福司、督糧司、巡政司、速報司、感應司、考功司、陰陽司、保安司、提刑司等，為城隍爺的幕僚群，各有所掌，各司其職，類似現今縣市政府之局處單位，其中又以考功司、學政司等與考試升遷有關的項目最受人們青睞，尤其每逢考季來臨時，祈願的紅紙將神案前貼得一片火紅。

後殿同祀觀世音菩薩、地藏王菩薩及城隍夫人。其中觀世音菩薩前的十八羅漢有新舊兩組，原來舊的十八羅漢曾遭竊又失而復得，因此曾出現兩組十八羅漢共聚一堂的有趣畫面，其中一組廟方現已收藏起來。

後殿右側的「文物陳列
室」專門收藏台灣府城
隍廟歷來相關文物。

三川殿門板木雕「水淹
金山寺」造型逗趣可
愛。

城隍夫人原位於正殿城隍爺右側，民國八十六年府城
隍廟重修竣工以後，則移至後殿祭祀。後殿右側設有
「文物陳列室」，專門收藏台灣府城隍廟歷來相關文
物。

## 文物豐富列為二級古蹟

　　台灣府城隍廟創建迄今已三百多年，歷史相當悠
久，雖歷經整建，但原有的格局仍被保留下來，現為
二級古蹟，其保存的豐富文物及優美建築，相當值得
細細品味。尤其是三川殿門前的龍柱與石獅，雕工細
緻栩栩如生；門板木雕「水淹金山寺」與「八仙過海」
均取材自民間故事，構圖緊湊，人物造型逗趣，整體

表現生動活潑。門神彩繪更出自名師潘麗水之手，門神秦叔寶、尉遲恭炯炯有神的雙眼，令人印象深刻。

　　台灣府城隍廟是全台歷史最悠久的城隍廟，擁有的匾額與楹聯也最多，所贈者從清代官員到地方士紳一應俱全。城隍廟因為屬性特殊，因此相關匾額及楹聯與一般傳統廟宇不同，參觀府城隍廟不僅可以欣賞古蹟、文字之美，更可體會楹聯中深刻的意涵，其陰森的氛圍也更甚於其他的城隍廟。

台灣府城隍廟三川殿的門神秦叔寶，是彩繪名師潘麗水的傑作。

## information

城隍爺誕辰／農曆五月十一日
城隍遶境日期／農曆五月十一日前後
電話／(06)2237316

所謂雕梁畫棟，在府城隍廟一覽無遺。

# 台南首邑縣城隍廟

建於清康熙五十年

1711

　　台灣納入清朝版圖後，清廷決議在台灣設置台灣府，下轄台灣、諸羅、鳳山三縣。其中台灣縣為台灣府之首邑，當時縣署與府署同在東安坊，因為草創之初尚未建造縣城隍廟，因此每逢朔望，台灣縣知縣就隨知府一同前往府城隍廟上香行禮。

　　清康熙五十年（1711），台灣縣知縣張宏捐俸倡議興建縣城隍廟（即今之台南首邑縣城隍廟），當時所在位置在東安坊之縣署北方。縣城隍廟草創之初，並沒有留下詳細紀錄，因此無法確認其規模，不過到了乾隆十五年，知府方邦基、知縣魯鼎梅將縣署由東安坊移至鎮北坊赤崁樓之右，次年魯鼎梅又將縣城隍廟遷建至縣署北方，之後歷任知縣屢有修建，尤其嘉慶十二年（1807）知縣薛志亮修建兩廊擴其規模，台南首邑縣城隍廟更見宏偉壯麗。

首邑縣城隍廟今貌，門楣上書寫「爾來了麼」四個字，與府城隍廟不同。

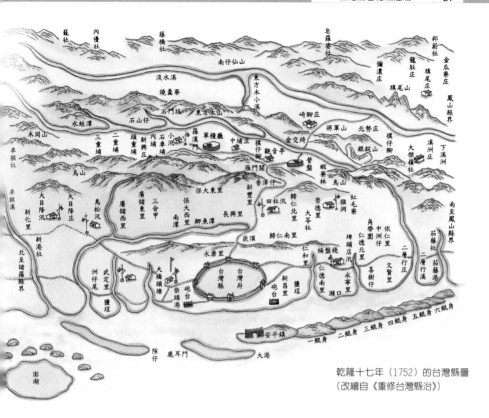

乾隆十七年（1752）的台灣縣圖
（改繪自《重修台灣縣志》）

　　日本治台後，首邑縣城隍廟先是被日軍強佔，後來又改為陸軍衛戍病院宿舍，直到明治四十一年（1908）九月在附近居民熱烈捐輸下，才以一百四十元於現址購買民房重新改建。戰後首邑縣城隍廟曾因廟宇神像破損，於民國五十五年四月重修落成，並舉行祈安清醮法會。民國五十七年增建地藏王殿，後因廟廓梁柱腐朽崩折，民國六十七年九月廟方發起募款重建廟身，並於民國六十九年元月完工迄今。

地藏王殿所奉祀的地藏王菩薩。

首邑縣城隍廟城隍爺封
號為「顯佑伯城隍尊
神」，左右兩旁從祀文、
武判官及七爺、八爺。

　　今日的首邑縣城隍廟置身於鬧市巷弄間，僅有一進三開間，雖然沒有一般廟宇的豪華排場，但仍保有城隍廟應有的規制。首先門楣上寫有「爾來了麼」四個字，與府城隍廟之「爾來了」有異曲同工之妙。正殿前的對聯「陽報陰報善報惡報速報遲報豈日無報，天知地知神知鬼知你知我知莫云不知」更是言簡意賅，發人深思。進入正殿後只見城隍爺高坐於神龕上，面呈金色，容貌溫和，低眼凝視，其正式封號為「顯佑伯城隍尊神」，左右兩旁從祀文判官、武判官及七爺、八爺。

　　此外正殿兩旁從祀二十四司，在「主考官」的牌匾下，二十四司的神像分列於左右神龕上，其中以考功司、學政司最受學子們歡迎。民間傳說左神龕的學政司職掌大專聯考，右神龕的考功司負責高中聯考及其他考試，每到七月考季之初，香客總是絡繹不絕。

　　台灣眾多神明中，除了主掌功名與祿位的文昌帝君

外，城隍廟主掌考試的考功司或學政司同樣香火鼎盛。通常廟方會準備好祈願的紅紙，應試人只要填寫姓名、地址、考試類別、日期、試場、准考證號碼及錄取志願等相關考試資料，再向城隍爺及考功司或學政司誠心祈求即可。

在主考官的牌匾下，神案前的祈願紙訴說著莘莘學子期盼金榜題名的心情。

首邑縣城隍廟的文物中，比較特別的是昔日祭典所保留下的木質神位，包括城隍之神、社之神、稷之神、山川之神、風雲雷雨之神等牌位，這些都是過去社稷、風雲雷雨、山川、城隍等同壇祭祀完畢後，將神牌供於城隍廟中留傳至今。

首邑縣城隍廟每年舉辦的城隍誕辰祭典中，「交陪境」饒富地方人文色彩。過去府城透過神明信仰來結合、組織地方人群，以城內街區之基層聚落「境」為單位，類似今日的「角頭」，進而發展出數個境共同組成「聯境」。當某個角頭與另一個角頭建立特殊友好的關係聯盟，就形成「交陪境」，因此當城隍誕辰

首邑縣城隍廟的註生娘娘（右）與臨水夫人（左）

時，其交陪境的宮廟就會舉行祝壽儀式，形成今日特殊的城隍祭典儀式。

## information

城隍爺誕辰／農曆四月二十日
城隍遶境日期／不定期
電話／(06)2236020

# 嘉義市城隍廟

## 建於清康熙五十四年 1715

嘉義在明鄭時期隸屬天興縣，入清之後改稱諸羅縣，設縣治於諸羅山，但設治初期因居民稀少，距郡遼遠，因此縣署、北路參將營等暫居於開化里佳里興，直到康熙四十三年（1704）始奉文歸治諸羅山，並由署縣宋永清、署參將徐進才、儒學丁必捷至諸羅山築木柵為城，並設東西南北四門。康熙四十五年（1706）同知孫元衡攝縣事，繼建縣署。康熙

光緒敕封嘉義城隍「綏靖」，成為台灣各縣級城隍唯一加尊號的神祇。

五十四年（1715）諸羅知縣周鍾瑄因見城事已畢，每年城隍之祭尚無定所，乃卜地於縣署之左，捐俸興建，參將阮蔡文捐銀四十兩為助，並於次年康熙五十五年（1716）冬落成。

嘉義市城隍廟

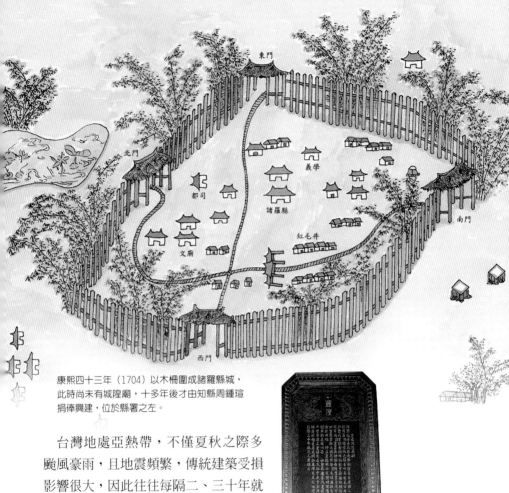

康熙四十三年（1704）以木柵圍成諸羅縣城，
此時尚未有城隍廟，十多年後才由知縣周鍾瑄
捐俸興建，位於縣署之左。

台灣地處亞熱帶，不僅夏秋之際多
颱風豪雨，且地震頻繁，傳統建築受損
影響很大，因此往往每隔二、三十年就
需要重修。周鍾瑄所創建之城隍廟到雍
正十年（1732）時毀於風雨，當時知縣
馮盡善乃與諸羅城內士紳陳陸等人予以
重修。乾隆二十九年（1764）張所受繼
任知縣，號召地方士紳重建，此次重建
曾撰文立碑留下記錄，此碑至今仍保存
在廟中。

張所受建城隍廟碑記

## 建築藝術的佳作

三川殿的石雕龍堵，為惠安石匠蔣錦記、蔣文華、蔣文牆等之代表作。

「對場作」（台語稱「拚場」），係指不同組別的匠師在廟內兩側水車堵同時施工，一較工夫高下。嘉義市城隍廟拜亭水車堵上的交趾陶對場作生動活潑、用色不俗。

嘉義市城隍廟（財團法人台灣省嘉義市城隍廟簡稱）自乾隆年間重建後，之後屢有重修，最近一次是在日治時期昭和十二年（1937），由當時市尹伊藤英三發動勸募，並特別聘請福建泉州溪底派匠師王錦木主持，於昭和十五年（1940）完工落成。王錦木出身著名的大木匠王益順世家（王益順是大正十三年〔1924〕新竹都城隍廟重建時的大木匠師），嘉義市城隍廟在其精雕細琢下，深具藝術特色，如斗栱構架、八式藻井等。

嘉義市城隍廟配置依序為三川殿、拜亭、正殿及後殿所組成，其中後殿於民國六十九年拆除，改建為六層鋼筋混凝土的建築物。城隍廟方位為坐東朝西，平面布局為狹長型的街屋式廟宇，三川殿、拜亭、正殿連成一體，呈現「工」字形平面。三川殿面寬三開間，正立面及龍虎堵皆為石雕，無論是雕刻技法、構圖線條皆有很高的藝術水準，根據專家考證，為惠安石匠蔣錦記、蔣文華、蔣文牆之代表作。此外正門之門神彩繪為大師陳玉峰的作品。

三川殿後緊接的是拜亭，平面呈正方形，由四點金柱及四副點金柱承接重簷四垂頂以及亭

內的藻井。拜亭兩側配置龍、虎井，左右兩側山牆並各開一側門。拜亭水車堵左右兩面各有相當精采的交趾陶對場作，係當時陳專友和林添木兩位大師之作品，藝術價值頗高。此外拜亭藻井從梁枋上榫接斜枋而成八角枋，共伸出十六串斗栱，出挑六層，間以如意栱出挑齊集頂心蓋板「明鏡」，結網上覆天花板不見桁木的做法，為溪底派匠師之獨特手法。

拜亭的藻井雕工繁複、華麗壯觀，是溪底派匠師的獨特手法。

三川殿上木雕相當精采。

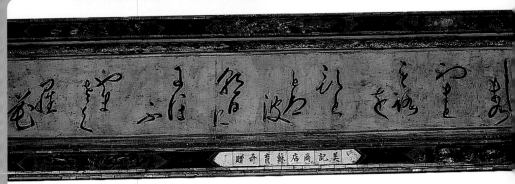

贈奇賣蘇店商記美

嘉義市城隍廟山牆上的
和歌為全台城隍廟僅
有,位於正殿次間左右
山牆上,易為人們忽
略。

　　正殿為三開間式格局,其中大通梁上置有兩個「螭
虎頭銜磐牌」趖瓜,造型相當特殊。除了精緻的傳統
建築外,在正殿次間左右山牆面上有一副日文泥塑聯
對,是台灣所有城隍廟中絕無僅有的,其意為:「有
人問起何謂大和精神,回答為如旭日東昇勇敢而早春
的山櫻花,同生共死之精神。」「山崩地裂,大海翻
滾的世間,對主公我也絕無二心,保護到底。」句中
所提到的主公並非城隍爺,而是日本天皇。

正殿次間山牆
和歌下有諸多
神像。

　　正殿神龕安置有城隍爺。城隍爺面黑、雙手持奏板、目光低視、神情莊重，神龕上有光緒賜匾「臺洋顯佑」。城隍爺前兩側分別為文、武判官及侍從，其餘則從祀城隍衙吏、七爺、八爺、甘將軍、柳將軍、陳差爺、劉差爺等，另外福德正神及速報司爺亦同列兩側。正殿神龕左側祀開漳聖王，右側則祀陰陽司公。至於後殿一樓中祀天上聖母，左祀城隍夫人、月下老人，右祀註生娘娘，至於兩側則祀十八吏司等。此外廟左側有一「吉勝堂」，為嘉義市城隍廟家將團所在地。

知縣白鷺卿獻「至誠前知」匾，其上詳述當時事情發生時之原委。

## 清帝敕封「綏靖」尊號

　　除了精美的廟宇建築外，嘉義市城隍廟還有一項殊榮，就是曾經得到光緒皇帝的敕封。

　　過去清朝統治台灣期間，動亂頻傳，嘉義縣城位居嘉南平原重要的交通要道與政治中心，因此每當發生大規模動亂時，往往首當其衝受到波及，如林爽文事件、張丙等亂事，每次皆賴官民合力禦敵，堅守危城，才化險為夷。其中尤以同治元年（1862）戴潮春二次圍攻嘉義最為驚險，當時民心浮動，知縣白鷺卿率團練、士紳等禱告城隍，立誓同心誓戰，蒙城隍爺示籤詩云：「合家人安泰，名利兩興昌，出外皆大吉，有禍不成災。」人心遂定，兵民竭力誓守，最後終保危城。

光緒帝所頒的「臺洋
顯佑」匾

同治十三年（1874），嘉義士紳陳熙年等懇請巡視台灣的欽差大臣沈葆楨奏請朝廷加封城隍，於是沈葆楨於十二月初五日奏〈請敕封嘉義城隍摺〉，光緒元年（1875）廷諭：「以保衛城池，敕封嘉義城隍神封號曰：『綏靖』。」成為台灣各縣級城隍唯一加尊號的神祇。光緒年間中法戰爭法軍犯台，相傳嘉義東石沿海因城隍爺顯靈庇佑，而免於戰火波及，於是光緒九年（1883）光緒帝再頒「臺洋顯佑」匾，現懸於廟正殿神龕正上方。

## 普渡、城隍誕辰為地方盛事

近三百年來，嘉義市城隍廟始終是地方信仰中心，過去圍城最危急時，城中居民也是以城隍廟為精神支柱。日治初期改朝換代之際，兵馬倥傯，局勢混亂，台灣許多官祀城隍廟被日軍佔用，嘉義市城隍廟很幸運地逃過一劫，只不過失去官方的支持後，香火一度沒落。

明治四十一年（1908）在嘉義士紳與商人的支持推動下，仿效台北霞海城隍廟，於城隍誕辰翌日迎神遶境，此舉受到嘉義市民熱烈的迴響，因此遶境活動年盛一年。每當遶境時，各類神將團、藝閣、武術團、音樂團和交陪廟的神輿等陣頭皆來共襄盛舉，熱鬧非凡。甚至大正年間，嘉義地方首長還受邀擔任城隍祭典的負責人，城隍廟的地位無形中獲得官方認可。

每年農曆七月嘉義市多會舉辦分區「輪普」，輪普的首站就在嘉義市城隍廟。這項活動從日治時代就有，民間俗諺有云「七月初一城隍廟開鬼門，七月底

九華山地藏庵關鬼門」。嘉義市城隍廟每年農曆六月二十七日起，會於廟埕前設立祭壇、懸掛燈篙，舉辦三天法會，召告十方鬼魂即將舉辦普渡。在城隍爺遶境主要街道後，會到縣市交界的牛稠溪放水燈，為水路孤魂照路，邀請鬼魂參加普渡盛會，而分區輪普歷經多年演變，早已成為市民親友間聯誼的重要聚會。

此外每年逢農曆八月初二日城隍誕辰的前一日，嘉義市城隍廟會舉辦城隍誕辰祭典，此項活動從日治時期就由嘉義市長擔任主祭，民意代表擔任副主祭，祭典遵循古禮進行，莊嚴隆重。至於城隍遶境活動則每隔四至五年舉辦一次，為嘉義市迎神賽會的盛事。

可惜到了昭和十二年（1937）中日戰爭爆發後，總督府當局為消除漢人傳統的道教信仰（其時日本總督府將城隍信仰歸類為道教信仰），不僅停止城隍廟祭典與遶境活動，並開始推動皇民化運動，全台灣又以嘉義推行得最徹底。當皇民化運動如火如荼地進行時，嘉義市尹川添修平執行「眾神歸天政策」，當時全嘉義市六十餘間廟宇全遭拆除，道教廟宇僅保留城隍廟。這六十餘座寺廟各保存主神一尊，並合祀於城隍廟，至於其他從祀神明則收藏於市府倉庫內。當時所沒收的廟宇財產則成立「財團法人嘉義濟美會」，做為處理廢合寺廟財產的教化組織。戰後此會歷經多次改組，於民國七十九年改名為濟美仁愛之家。

三川殿正立面石雕藝術水準甚高。

八爺木雕神像神情威猛。

information

城隍爺誕辰／農曆八月二日
城隍遶境日期／不定期
電話／(05)2228419
　　　(05)2224116

# 舊城城隍廟

建於清康熙五十七年 1718

康熙二十二年（1683）台灣入清版圖後，次年清廷將明鄭時期的萬年縣改制為鳳山縣，並設縣治於興隆庄（今高雄市左營）。然而縣治設立之初，多數官員仍居於台南府城，並於府城土墼埕暫時辦公，直到康熙四十三年（1704）知縣宋永清奉文歸治，並自捐薪俸在興隆庄建鳳山縣署，之後鳳山縣文武官員才回鳳山縣署辦公。

宋永清於鳳山知縣任內頗有治績，不僅整修文廟，並重濬蓮花潭、修水圳等，對地方農業發展頗有貢獻。康熙五十七年（1718）知縣李丕煜建議於埤仔頭街建城隍廟，其位置就位於文廟之右，距離縣署有一段距離，與其他地方將城隍廟建於縣署左右不同。

城隍廟設置之初，尚未有縣城出現。鳳山縣城的出現是在康熙六十年（1721）朱一貴事件之後，基於防衛的需要，才由當時知縣劉光泗於縣治興隆庄築造土

位於今日高雄左營的舊城城隍廟

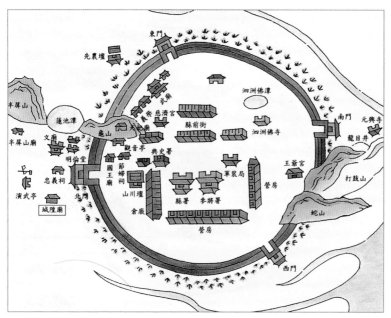

圖中標示：

東門　先農壇　武廟　泗洲佛潭　南門　元興寺
半屏山　蓮池潭　龜山　縣前街　泗洲佛寺　龍目井
半屏山廟　文廟　縣署慈濟宮　打鼓山
　　　火把寺　觀音亭　典史署　王爺宮
明倫堂　園國王廟　軍裝局　營房
忠義祠　節婦祠　山川壇　縣署　參將署　蛇山
演武亭　北門　倉廒　營房
城隍廟　　　西門

舊城城隍廟位於舊城城門北，是台灣官祀城隍廟中僅有的特例。（改繪自《鳳山縣志》）

城，其所在位置依據《重修鳳山縣志》所描述，左倚龜山，右聯蛇山。不過當初在建興隆舊城時，並未將文廟、城隍廟包括在城內，因此形成城隍廟位於北門城外，成為台灣官祀城隍廟中僅有的特例。

乾隆五十一年（1786）台灣發生林爽文事件。因興隆舊城位於龜山、蛇山之間，地勢較低，在山上就可俯瞰城內狀況，當時賊黨莊大田就由龜山攻入城內，造成守城官員殉職。此外縣城地勢低窪，每逢豪雨易生水患，不適合做為縣治，而陂頭（今鳳山市）位居鳳山縣地理中心，地處平原形勢開闊，商業發達人口稠密，因此在林爽文事件平定後，乾隆五十三年（1788）清廷就將鳳山縣治由興隆庄移到陂頭。

鳳山舊城（位於今高雄左營）建於清道光五年（1825）。

嘉慶五年（1800）鳳山知縣吳兆麟於陂頭（今鳳山市）另建新的城隍廟，原城隍廟就改稱為舊城城隍廟。雖然縣治遷到陂頭，不過舊城地理位置位海防樞紐，於是清廷在道光五年（1825）又重建舊城，並有意將縣治遷回舊城。當城署落成已擇定吉日遷回舊城時，知縣杜紹祁忽得急疾而卒，眾人以為不祥之兆，不敢遷治，從此地方官民不願再遷回舊城，因此形成一縣有兩座官祀城隍廟的特殊景象。

由於興隆舊城的發展始終不如陂頭新城，加上縣治實際上仍位於陂頭，因此舊城城隍廟雖號稱官祀城隍廟，但信眾仍然以興隆地區當地居民為主。依《鳳山縣志》記載，舊城城隍廟在乾隆五十八年（1793）、咸豐六年（1856）曾經重修過，日治後期皇民化政策積極推動時，雖然沒有遭拆毀，但廟內所有神像除了鎮殿城隍外，全遭日本警官吉田景賀焚毀，直到戰後民國三十五年廟方才重建廟宇。舊城城隍廟最近一次整修是在民國五十一年時，整個廟宇拆除重建，民國五十七年竣工。

重建後的舊城城隍廟為鋼筋混凝土建築，正殿奉祀的城隍爺歷史相當悠久，高七尺六寸半，面貌莊嚴、肅穆，雙目炯炯有神，係昔日唐山師傅用軟身雕塑方式（即神像的手部可卸下再組裝，四肢關節也可以轉動，便於日後更新衣袍。）塑成，歷經多次變亂仍毫髮無損。此外，文武判官、七爺、八

舊城城隍廟城隍爺

爺、日夜遊神、牛爺、馬爺、功德司、報應司各司所屬職官凡十八尊神像，面貌各個不同，栩栩如生。在城隍爺尊座兩旁，配祀註生娘娘與福德正神。

舊城城隍廟文判官

雖然歷經日治後期皇民化運動的浩劫，不過舊城城隍廟仍保有許多古物，如乾隆六年（1741）的木質對聯、乾隆三十八年（1773）「城隍廟碑記」、嘉慶十六年（1811）的石香爐等古文物。這些古文物之所以能流傳至今，應該感謝幕後英雄蔡明德。原來民國五十一年舊城城隍廟拆除重建時，當時一般民眾尚未有保存文物的觀念，只見拆除的文物被當做建築廢棄物一般處理，幸經蔡明德挖掘搶救，上述古文物始能重見天日。現今這些文物保存於後殿三樓之古文物陳列館（平時不對外開放，若要前往參觀，必須先知會城隍廟管理處）。

舊城城隍廟現由其轄境內十三角落的十三間廟宇共同經營，長久以來城隍爺出巡均需經過擲筊請示的儀式，由城隍爺決定出巡日期，舉辦興隆內、外里出巡遶境活動，遶境範圍即昔日舊縣治全境，約在今日左營、店仔頂、埤仔頭、部後、菜公、新莊仔、覆鼎金、內惟與興隆外里等地，通常為期三天，為左營地區的年度盛事。

三樓之古文物陳列館所陳列之「城隍廟碑記」。

## information

城隍爺誕辰／農曆五月十二日
城隍遶境日期／不定期
電話／(07)5832356

# 文澳城隍廟

建於清雍正八年

1730

　　文澳原稱爲「暗澳」或「穩澳」，由於地理位置之便，可以控制馬公港。明朝嘉靖十二年（1533），有海賊林道乾佔據此地附近區域，並侵擾中國沿海，當時都督俞大猷奉命征伐，並於文澳築城駐軍，之後開始有不少漢族移居此地形成聚落，成爲澎湖早期發展的聚落之一。

## 一廳兩座官建城隍廟

　　入清後，清廷將澎湖劃歸於「台灣縣」，次年再設

文澳城隍廟爲澎湖地區最早設立的城隍廟。

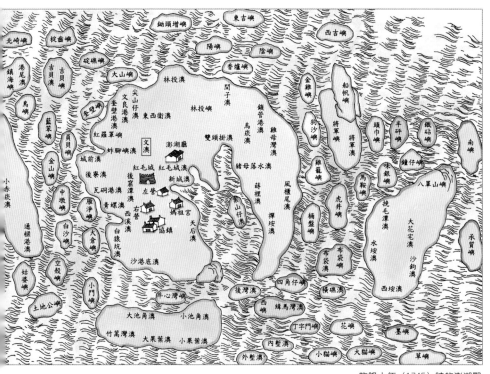

乾隆十年（1745）時的澎湖聚落分布圖。（改繪自《重修台灣府志》）

置「巡檢」，而巡檢司之位置就在澎湖本島東西澳的
「文澳」地區。清雍正五年（1727），改巡檢置通判，
設澎湖海防糧捕廳，而廳署就設在原「文澳」之舊巡
檢司。

　　澎湖最早的城隍廟則設置在舊廳署東側，相傳在雍
正八年（1730）間，由澎湖廳首任海防糧捕通判王仁
創倡建。初設的文澳城隍廟雖位於聚落的中心，但因
文澳地區狹小，城隍廟面寬僅有九尺，於是乾隆四十
四年（1779）由當時海防糧捕澎湖通判謝維祺捐俸，
率監生郭志達等於媽宮城北側、南澳館東邊，另建一
座規模較大的城隍廟，即馬公城隍廟，因而形成一廳
之內有兩座官建城隍廟的特殊景象。

澎湖自清領台至光緒中葉之前,雖有建城之議,且陸續興建砲台與軍事要塞,但始終沒有建過任何城池,因此形成有城隍廟但沒有縣城的情況,在台灣地區相當少見。

## 保留澎湖傳統建築特色

馬公城隍廟落成後,文澳城隍廟就從官祀城隍廟轉為地方性的廟宇,尤其光緒十五年(1889)新建的媽宮城落成,澎湖廳署奉文移至馬公城內,其地位更是大不如昔。雖然如此,文澳城隍廟卻也保留了精緻的傳統建築。

文澳城隍廟三川殿門板的木雕為螭虎團爐造型。

七爺

文澳城隍廟建廟迄今已有二百五十多年的歷史,其廟脊翹起的廟尾相當明顯,是昔日漁民在港澳航行中的明顯地標。雖然經多次整修,但在格局及樣式上仍遵循傳統的營建法則,並保持鮮明的澎湖地方特色,現已列為國家三級古蹟。最近一次整修是在民國八十年,由政府出資維修。

文澳城隍廟坐北朝南,面海而建,是一座兩進夾後拜亭的三開間建築。由於澎湖為海島,為避免夏秋颱風、冬季東北季風的吹襲,於是各殿之間的山牆經廂廊的高牆相連接,成為一狹長的封閉型空間,再加上沒有天井,各殿屋宇密集,採光

不足，室內空間幽暗，相當符合城隍廟陰森可怖的氛圍。

文澳城隍廟三開間的前殿，入口中門退凹，兩側設單扇的對看門，殿內東、西次間供奉著七爺、八爺。正殿神龕供奉著城隍爺，神龕前左右供奉文武判官、七爺、八爺等，而東室同祀註生娘娘，西室同祀福德正神，整體而言布置精巧。

文澳城隍廟的神龕上掛有「功存捍衛」匾一塊，其實此匾為中法戰爭後，光緒皇帝御賜給馬公城隍廟的，但兩間城隍廟同為澎湖廳官祀的城隍廟，關係密切，因此同沐榮典，只不過文澳城隍爺並沒有像馬公城隍爺被加封靈應侯。

八爺

澎湖地方人士對於兩座官祀城隍廟的同時存在習以為常，為便於區分，於是有文澳城隍廟

「功存捍衛」匾原為中法戰爭後，光緒皇帝賜給馬公城隍廟的，文澳城隍廟則同享殊榮。

為文城隍，馬公城隍廟為武城隍之稱謂。至於為何會有文、武城隍之區別，眾說紛紜，未有定論。不過文澳城隍廟每年舉辦的出巡遶境範圍，相較於馬公城隍廟範圍來得小，目前祭祀圈僅及馬公市東文、西文、案山、前寮、石泉、菜園等六個社里。

文澳城隍爺誕辰為農曆五月六日，在誕辰前幾日城隍爺會遶境巡視境內，因此每逢城隍爺遶境時，香客與信徒就會化妝成神將隨城隍爺出巡，而其他角頭廟也會派出神轎一同參與遶境，是地方年度盛事。城隍爺遶境完後，會於廟內舉辦「祀武」儀式，祈求風調雨順、國泰民安、四時無災等，相當具有地方特色。

information

城隍爺誕辰／農曆五月六日
城隍遶境日期／不定期
電話／(06)9265068

# 彰邑城隍廟

## 建於清雍正十一年

1733

彰邑城隍廟

彰化舊稱「半線」，其地名源自巴布薩平埔族「半線社」社名。根據《彰化縣志》記載，彰化地區開發很早，明鄭時代就已有漢人聚居，在康熙三十三年（1694）的《台灣府志》中，〈規制·志坊里〉項就有「半線莊」（離府治四百六十里）的記載，當時行政區域隸屬於諸羅縣。

隨著漢移民的增加，台灣中部一帶陸續開發，半線也漸漸繁榮起來。朱一貴事件之後，清朝政府重新調整行政區域，雍正元年（1723）從原諸羅縣新劃一縣治理大甲溪以南、虎尾溪以北，並選擇「半線」設治置官，取名「彰化」，意即「彰顯皇化」之意。

雍正元年（1723）彰化縣成立，當年縣治就遷到「半線」，即後來的彰化市。然而受到清初台地不築城的政策影響，直到雍正十二年（1734），知縣秦士望才仿效諸羅知縣周鍾瑄於街巷之外遍植刺竹為城，並分置四門。而城隍廟則於前一年，即雍正十一年（1733）由當時知縣秦士望捐俸倡建。依據《彰化縣志》記載，當時城隍廟位於縣治東門內，南向，並曾於乾隆二十二年（1753）及嘉慶五年（1800），分別由當時知縣朱山及胡應魁重修過。

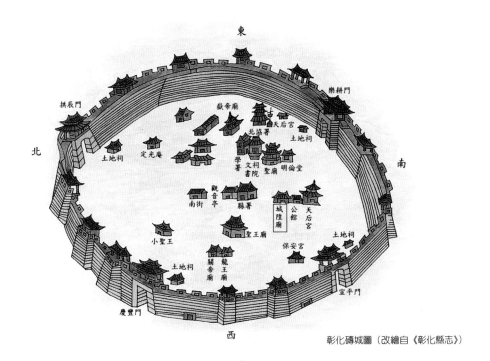

彰化磚城圖（改繪自《彰化縣志》）

　　此後直到戰後，有關彰邑城隍廟的修繕紀錄卻無資料可查。依據推測，這段期間應有重修，因為清代中葉以後，台灣大規模民變皆發生在中部，而彰化城往往首當其衝成為攻擊目標，距離縣署不遠的城隍廟也易受到戰火波及。加上台灣地震多、颱風豪雨侵襲，因此重修是有可能的，只不過相關資料付之闕如，無法佐證。

　　日治期間具官方色彩的彰邑城隍廟，雖然沒有像其他城隍廟如台灣府城隍廟、台南首邑、台中市城隍廟等被佔用，甚至被拆毀，但日本人視城隍信仰為迷信，因而也未加以重視。

## 鋼筋水泥建築古意盡失

　　日治後期皇民化運動如火如荼進行，當時彰化市尹安詮院貞熊甚至將彰邑城隍廟強制收歸市役所管理，並禁止一般信眾祭拜。戰後彰邑城隍廟由彰化市政府接管，當時社會正百廢待舉，彰邑城隍廟尚未開放，就遭人強行佔用，直到民國六十年才在各方信眾奔走下，成立重建委員會，並經當時市長同意，於隔年將日漸傾圮的舊廟加以拆除改建，新廟於民國六十四年竣工落成。

三川殿之大型泥塑
七爺神像

　　新落成的彰邑城隍廟其格局為兩殿兩迴廊之四合院建築，以大理石、鋼筋、水泥及磚瓦為材料，並搭配精細的剪黏（亦稱剪花，以灰泥塑形，再將精工剪裁的陶瓷片黏貼其上）、華麗的壁飾及精緻的木雕等。新廟雖美輪美奐，但古意盡失，使得歷史悠久的彰邑城隍廟無法列入古蹟之林。

　　彰邑城隍廟三川殿為三門三開間，三川殿兩側分置大型泥塑，分別為七爺、八爺，表情生動，令人印象深刻，且一高一矮對比十分強烈。正殿共有兩層，一樓神龕奉祀城隍爺神像，共有兩尊，皆為大型木雕，後方一尊為鎮殿城隍爺，高約八尺，長駐殿中；前方則為軟身木雕神像，高約六尺，為出巡遶境時安置在神轎上，供信眾膜拜。神龕前兩側各立有

八尊大型木雕神像，分別
為文、武判官、枷爺、鎖
爺、文差爺、武差爺、左
排爺、右排爺等。

　　一樓正殿左側安置一木
製神牌，上雕「風雲雷雨
諸神座」及「山川諸位神
座」，相傳為昔日在縣治東
門外舉辦風雲雷雨山川壇
祭之牌位，祭典結束後
保存在城隍廟內，
只不過牌位的型
式與台南首
邑縣城隍廟的有些出入。

「風雲雷雨諸神座」及「山
川諸位神座」之牌位

　　另外正殿一側原安置了一小神龕，奉祀福德正神與
夫人神像。其原為彰化舊城東門之土地神，因日治初
期縣城被拆除後，當地居民將東門土地公移入城隍廟

正殿一樓神龕上供奉
著城隍爺神像，前方
為出巡遶境時用，後
方為鎮殿城隍爺。

內合祀，不過當地居民已另建土地公廟奉祀。

正殿二樓有三座神龕，中間主神龕供奉觀音佛祖，右邊神龕供奉城隍夫人，左邊神龕則供奉「註生娘娘」及「邑主姑娘」神像。其中「邑主姑娘」是紀念乾隆五十一年（1786）十一月，彰化知縣劉亨基之女劉滿姑，於林爽文事件中，在彰化縣城被攻陷後，不畏暴力跳池殉節之節烈事蹟。此事件後，劉滿姑原被入祀大西門之忠烈祠，日治時期因忠烈祠被日人佔據，附近居民遂將劉滿姑神像移入城隍廟內繼續奉祀。

二樓神龕上奉祀劉滿姑（左）與註生娘娘神像（右）。

## 十二年遶境一次

彰邑城隍廟城隍爺出巡遶境活動，傳統上並非年年舉辦，而是每隔十二年舉辦一次，至於典故則已不可考。日治後期因為皇民化運動的推行，造成城隍遶境活動停止，直到民國七十三年廟方才舉辦中斷六十年的城隍遶境活動。

最近一次舉辦是在民國八十五年，由於彰邑城隍廟歷史悠久，信眾眾多，加上又為中部地區歷史最悠久的城隍廟，有不少分靈廟宇，而每隔十二年才舉辦一次的遶境活動，更是吸引成千上萬的信徒參與，規模之大堪稱中部地區少有。

## 虎爺分靈至明聖廟為主神

彰邑城隍廟成立迄今已超過二百七十年了，不過褪去官方色彩後，轉型並不是很順遂，尤其歷經了日治時期的壓抑。雖然戰後廟宇重建，煥然一新，但基本上彰邑城隍廟所有權仍歸市政府所管轄，與其他城隍廟不同。此外廟宇日常開銷仍以信眾的香油錢為主，連舉辦大型廟會活動，仍需向民眾募捐籌款，發展受到相當的限制。

為突破現況，並凝聚信徒的向心力，民國九十年彰邑城隍廟管理委員會乃向城隍爺擲筊請示，正式由「顯佑伯」晉升為「仁愛侯」，而非傳統的「綏靖侯」。至於城隍爺晉升後彰邑城隍廟的發展是否有改善，仍需長時間觀察，不過有趣的是，原本守護城隍廟的虎爺也因為任務已圓滿達成，乃分靈至廟前巷口「彰邑明聖廟」服務信眾。

分靈至明聖廟後的虎爺神像為虎首人身，著鎧甲，一手刀，一手劍，造型十分威武。

### information

城隍爺誕辰／農曆六月十五日
城隍遶境日期／不定期
電話／(04)7228815

### 古月井石碑

彰邑城隍廟前有一座古月井石碑，係當時彰化知縣胡應魁所撰。內文大意為昔日彰化縣城缺水，一日城內李姓大戶人家之私人土地突然湧出泉水，附近取用的民眾越來越多，但李姓人家認為泉水是他們私有，不願為大眾所使用而填井，引起地方民眾對簿公堂。當時縣令胡應魁了解後遂以官俸購得，解決用水問題，傳為地方佳話。只不過物換星移後原有的水井早已被填平，只留下古碑為後人所憑弔。

# 新竹都城隍廟

建於乾隆十二年

1747

台灣香火最鼎盛的官祀城隍廟，堪稱是新竹都城隍廟。

新竹舊稱「竹塹」，其地名源自平埔族「竹塹社」社名。依據中研院台史所研究員施添福的考證，漢人在竹塹的開發，直到康熙五十年前後，才由泉州人王世傑率領族人拓墾，其範圍大約在今日新竹都城隍廟附近的暗街仔和東門街一帶。

王世傑長生祿位照片

此後隨著漢移民增多，竹塹地區的發展也日具規模。雍正元年（1723）清廷成立淡水廳，

新竹都城隍廟

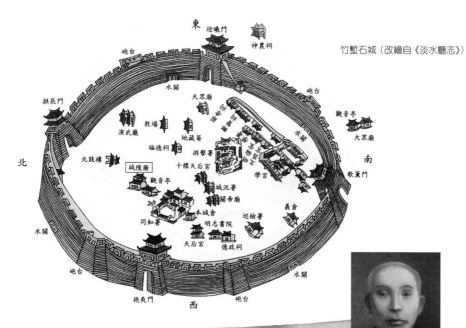

竹塹石城（改繪自《淡水廳志》）

# 大木匠師王益順

　　欣賞台灣的傳統建築，就不能不提到王益順，因為台灣有數間重要的傳統建築，都出自於他一手策劃。

　　王益順原居住於泉州惠安以木匠出名的溪底村，因從小家貧遂隨家鄉木匠習藝，十八歲時即能獨當一面。當時建築匠師輩出，他脫穎而出修建廈門南普陀寺，可見其超群技藝。他的作品基本上承襲福建插栱建築之傳統，但又融合清末以來的西洋文化，加上他勇於創新，使得作品適切地反映了當時之建築風貌及審美價值，更引領當代建築風潮，終成一代建築大師。

　　明治四十三年（1910）艋舺龍山寺因毀損而急需重修，在因緣際會下王益順受政界聞人辜顯榮邀約，帶領了一群技藝精湛的匠師來台北修建艋舺龍山寺。由於建築優美，深獲好評，之後邀約不斷，先後完成了新竹都城隍廟、南鯤鯓代天府及台北孔廟等。

　　王益順作品的最大特色是將斗栱、藻井與天花板混合，創造了新的做法。現在台灣許多廟宇常見的「螺旋形藻井」及「網目斗栱」就是王益順當時引進的技巧。此外，轎頂式屋頂和希臘或羅馬式柱頭，也是王益順慣用的手法，對台灣的寺廟建築影響深遠。

*Chenghuang Temple*

廳治就設在竹塹。但廳署仍於彰化縣城內辦公，直到雍正十一年（1733）淡水同知徐治民才環植刺竹為城，設城樓四座，為竹塹城之雛型。乾隆二十一年（1756），同知王錫縉正式將淡水廳署移入城內。

雍正十一年（1733）竹塹城設立後，居民修築城隍廟以求城隍護國衛民的要求日益迫切，因此清乾隆十二年（1747），淡水廳同知曾日瑛倡議，王世傑獻地興建，並於次年完工落成。

## 謝介石揚名異域

新竹都城隍廟由於神蹟靈驗、香火鼎盛，長久以來不僅是當地居民信仰的中心，全省各地都有分靈廟，也流傳了許多傳奇的故事，其中最為人津津樂道的便是謝介石。

謝介石，新竹人，生於光緒四年（1878），曾任滿州國首任外交總長，兼任駐日全權大使，為當時少數能躍上國際舞台的台灣人。相傳他幼年生活困頓，有天前往新竹都城隍廟前賣青草，被長期在廟前擺攤的算命仙柳逢春拉住，柳斷言他將來一定很有出息：「五十以後權位高聳，必握有相國之權。」

巧的是當天謝介石入廟求籤，竟得九十九號籤，籤上說：「貴人遭遇水雲鄉，冷淡交情滋味長，黃閣開始延故客，驊騮應得驟康莊。」日後謝介石往大陸發展，果真飛黃騰達。

謝介石發跡後曾於昭和十年（1935）衣錦還鄉，當時特別以滿州國外交總長之名落款，贈送柳逢春一方「學闡虛中」的匾額，而滿州國皇帝溥儀也贈送「正直聰明」匾額給新竹都城隍廟，可惜這塊匾額在戰後廟方因立場尷尬而拿下來，迄今下落不明。

當年謝介石風光回台時，台灣總督中川健藏以國賓禮遇，讓謝介石環台旅遊，以宣揚台灣人揚名異域的事蹟。而謝介石造訪南鯤鯓代天府，感念五府千歲的靈驗而獻匾，這塊匾額現懸掛在正殿右側的八卦窗上方。

*Chenghuang Temple*

剛創建的新竹都城隍廟原爲一座以正殿爲主的兩進
建築，隨著歷年多次整修，城隍廟的規模更臻完備。
最近一次整修是在日治時期大正十三年（1924）至大
正十五年（1926）間，由北門鄭肇基捐鉅款倡修，當
時有名的泉州大木匠師王益順率班底與竹塹當地匠師
費時二十個月才完成。

晉封爲威靈公的新竹都城隍爺

## 從顯佑伯、綏靖侯到威靈公

新竹都城隍廟落成後，城隍爺的封號依例爲「顯佑
伯·淡水廳城隍」，此封號沿用一百多年。同治十三
年（1874）年發生了日軍出兵攻台的牡丹社事件，清
廷終於正視台灣的重要性。光緒元年（1875）重新調
整行政區域，在北台灣設了一府（台北府）三縣（淡
水、新竹、宜蘭）及一廳（基隆通判廳），此時竹塹
改爲新竹縣。然而在台北
府治於光緒四年（1878）遷
至台北艋舺（今萬華）前，
台北府治仍沿用原新竹淡
水廳署辦公，因此新竹縣
城隍於是按照府格晉升爲
「綏靖侯·新竹府城隍」。

光緒帝御賜之「金門
保障」匾

至於新竹都城隍廟如何從府城隍升至都城隍，根據
廟方的說法，光緒十七年（1891）大陸江西省龍虎山
第六十一代嗣漢張天師奏請夜觀天文，以天狗星躔度
於牛郎及織女兩星之間，謂主殃台灣海島，建請速辦
法會。法會選在新竹縣城隍廟舉行，於是光緒欽賜
「金門保障」親筆墨匾一方，並將新竹城隍晉封「威
靈公·新竹都城隍」，成爲省級的城隍。

怒爺

哀爺

新竹都城隍廟的祭祀空間以正殿為主，城隍爺高居神龕上，神態莊重，令人敬畏，而頭戴官帽、溫文儒雅的文判官和身著盔甲、怒目威嚴的武判官，分別手持朱砂筆、生死簿和捧長鬚隨侍在兩側。

再往前就是手持木杖專門執行杖罰的董、李排爺，而正殿兩側神龕奉祀六司，其中左邊祭祀速報司、罰惡司、增祿司，右邊祭祀糾察司、樂善司、延壽司等，每司均塑金身坐於官椅，兩側均有兩位或四位童子或官差協侍，六司各司其職、各盡其能。而臉上一黑一白令人印象深刻的陰陽司公，及表情親切和善的土地公亦奉祀在兩側。至於最為人們所熟悉的七爺、八爺和表情豐富、專門緝拿壞人的四大捕快喜爺、怒爺、哀爺、樂爺，則豎立在三川殿後兩側。

喜爺

樂爺

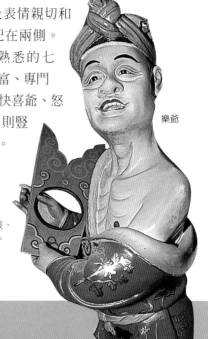

新竹都城隍廟中的喜、怒、哀、樂四大捕快表情相當生動逼真。

# 何謂過房契、繳庫、留任？

　　道士作法是新竹都城隍廟內常見的景象。體貼的廟方為避免信眾受騙，特別聘請特約道士長駐廟內為信眾服務，其服務項目及收費標準就張貼於一進三川殿的右側牆壁上。

　　表上所列的服務項目雖然有備註說明，但還是有幾項不易從字面了解其箇中含義，如過房契、繳庫、留任等。

　　「過房契」又稱「過繼」或「討嗣」，民間習俗認為當祖先中有無子嗣者，死後有可能向活著的家屬討嗣。而亡靈討嗣的方式，往往是作祟家人親屬使其生活不安，經向城隍爺查明後，若該祖先要求過繼孩子以傳承香火，就可以透過道士到城隍廟舉辦過房科儀，將孩子過繼給亡靈。不過這些動作僅具儀式上的意義，並未具備真正的法律效力。

　　所謂「繳庫」係指亡者託夢說缺錢，或對祖先追思，皆可進行繳庫科儀，透過城隍爺主持冥錢轉移，確證冥錢可以送到祖先手上。

　　至於「留任」是指當土地公廟重建、土地公遺失或土地公重新安座等，都要到城隍廟舉行留任科儀。畢竟根據民間信仰中土地公有如里長伯，扮演基層的角色，必須受頂頭上司城隍爺的監督與管理。

城隍廟內常可見到法師舉行法事科儀。

*Chenghuang Temple*

後殿配祀城隍夫人，夫人兩旁立有大、二媳婦，其中城隍夫人面帶慈善並露出微笑，大、二少爺位於右側，註生娘娘位於後殿左側神龕，旁立有十二婆姐。

## 陰陽司公駐駕北壇

新竹都城隍廟內神明眾多，一年到頭活動慶典不斷，其中最具特色的應該就是「陰陽司公」駐駕北壇。台灣許多城隍廟都有祭祀陰陽司公，其角色扮演是輔助城隍爺督察陰陽兩界的總管，有點類似城隍爺的祕書長。新竹都城隍廟的陰陽司公於每年農曆七月初一下午三點半時，會從都城隍廟起駕，代表城隍爺

鑼鼓齊鳴的中元節也是新竹都城隍廟城隍爺出巡的日子。

三川殿前步口虎邊
之豎材，上段為武
將單手持旗，中段
為薛丁山征西故事
中的樊梨花大破白
虎關。

三川殿後步口的
獅座造型優美，
人物栩栩如生。

窗口石雕題材取
自三國演義之
空城計。

正殿的龍柱石材為花
崗岩，略帶粉紅色，
顯得樸拙厚實。

遶境巡視，最後在北門街
水田福德宮的「北壇」駐
駕，聽取各地土地公回報陽間冤
屈，此時跟隨陰陽司公的眾信徒要由道長主
持「脫枷」解厄儀式，並焚化紙枷，完成整個夯枷
儀式。到了農曆七月十五當天，陰陽司公會隨同遶
境賑孤的城隍爺返駕，向城隍回稟陽間疾苦。

## 建築形制完備

　　新竹都城隍廟坐東朝西略偏北，由三川殿、鐘鼓
樓、正殿、兩廊、後殿等組成，為三開間三進兩廊
左帶觀音殿的廟宇建築，形制相當完備。都城隍廟
最近一次大規模的整修，是由著名的泉州大木匠師
王益順主持。

都城隍廟建築群中，表現最華麗、藝術成就最高的建築物，應屬城隍廟的門廳三川殿。從廟埕往三川殿望去，映入眼簾的是一對造型玲瓏可愛的石獅。這對青斗石打造的石獅，在匠師高超的技巧下，表現出陽剛之美，藝術價值相當高，還曾入選郵票圖案。此外木雕師傅透過圓雕、浮雕、透雕、線雕等不同技法，精雕細琢三川殿上梁柱上的斗栱、托木、豎材、梁楣、斗座、栱、員光，將傳統技藝發揮得淋漓盡致，難怪台灣古建築專家李乾朗會將都城隍廟木雕作品評價為全台廟宇中名列前茅。

步入三川殿後，抬頭向上望，可以看到造型優美的八角藻井，相當引人注意。此外前後簷口配

新竹都城隍廟三川殿前青斗石雄獅優雅的造型令人激賞。

置的兩對龍柱，雕工精細，出自名家之手，尤其前簷的一對龍柱，為台北名匠辛阿就的作品，活靈活現的程度超越石材的限制，實在令人嘆為觀止。

參觀都城隍廟除了欣賞建築之美

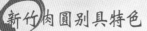

## 新竹肉圓別具特色

在廟埕前的小吃攤中，除了可嘗到知名道地的米粉、貢丸、肉粽、肉羹等新竹傳統小吃外，尚有新竹肉圓。新竹肉圓形小，以番薯粉製成外皮，內包五、六片瘦肉，經油炸後加上蔥末蒜醬，與其他地方的肉圓風味截然不同，相當受到當地饕客的歡迎。

廟埕前雲集的攤商提供了許多道地的新竹地方小吃。

外，令人印象最深刻的還有廟埕前的小吃攤。這些頗具地方特色的小吃攤販，最早可追溯至清末。當時廟旁就是淡水廳衙署，每天早上有各地攤販來到廟埕前擺攤，提供附近官吏公務人員、香客等小吃，一直延續至日治時期。不過當時並沒有像今日的固定攤販，反而類似市集，由攤販定期趕集。

戰後光復初期，台灣社會面臨了一連串混亂的局勢，許多攤販趁當時廟方人員無暇管理時，圍著城隍廟做起生意。待攤商圈地已然成形後，才與廟方達成協議，明訂廟方如有需要可以請攤商遷離，遇城隍廟重大祭典節日，攤商也應義務協助，形成了今日新竹一大特色。

### information

城隍爺誕辰／農曆十一月二十九日
城隍遶境日期／農曆七月十五日
電話／(03)5223666
　　　(03)5224888

# 安平城隍廟

## 建於清乾隆十四年

### 1749

　　安平最早躍上歷史舞台，應該是在明代天啓三年（1623），當時荷蘭東印度公司爲了尋找通商根據地，率艦隊赴台灣，最後決定以台灣（今安平）爲通商根據地，並開始興建城堡。歷經十年的修築與增建，城堡分爲內、外城。內城呈方形，共有三層，外城形狀爲長方形，位於內城的西北角，就是現今人們熟知的熱遮蘭城。

　　明永曆十五年（1661）鄭成功驅荷治台，改台灣爲安平鎮，改赤崁爲承天府，並定居於熱遮蘭城內城。

安平城隍爺

入清後，清廷將政治中心移往赤崁，安平鎮劃歸台灣縣管轄，並設水師協鎮署於安平鎮，置水師三營於此，自此安平一帶成爲清代台灣海防重鎮。

　　依據嘉慶年間所編纂的《續修台灣縣志》記載：「安平鎮城隍廟：乾隆十四年，水師協鎮沈廷耀建。五十年協鎮丁朝雄修；嘉慶六年，水師守備陳景星倡修；九年游擊詹勝、守備陳廷梅、李文瀾等復修。」從上文中得知乾隆十四年，水師協鎮沈廷耀於安平鎮建

安平城隍廟規模不大，僅有一進，但香火鼎盛。

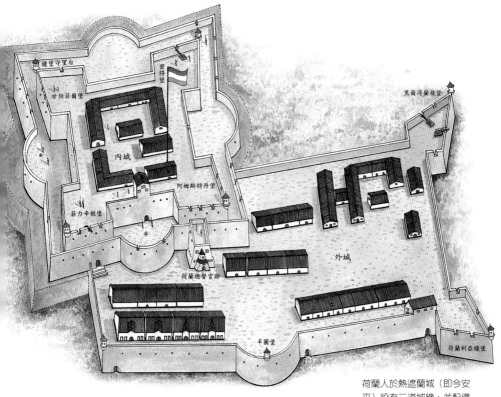

城隍廟，並以當時駐防的水師兵丁來修建，平時祭祀
的人員以水師兵丁為主，因此也算是官祀城隍廟，於
是形成台灣縣內除了台南首邑縣城隍廟外，還有第二
座官祀城隍廟 —— 安平鎮城隍廟（今之安平城隍
廟）。

　　同治二年（1863）城隍廟重建時，當地漁戶、地方
官員及水師官兵熱烈捐輸，當時捐贈的金額、姓名皆
詳細記載於三支梁籤上。這三支梁籤經學者專家考據
後，證實了當年重建之盛況。城隍廟重建於次年落
成，當時台灣水師中協副總府游紹芳所贈之「被靈爕
理」匾額，迄今仍高懸在正殿上。

荷蘭人於熱遮蘭城（即今安
平）設有三道城牆，並配備
數門大砲。

安平城隍廟門神為牛頭
馬面，是為了有別於
府、縣城隍廟的編制，
突顯其地位。

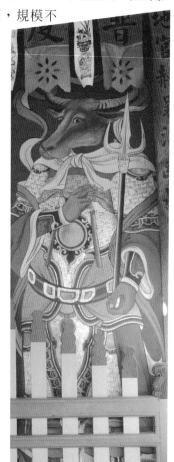

安平城隍廟因為是水師官兵所建，平時祭祀也是以
水師官兵為主。台灣割讓給日本後，水師官兵撤回中
原，廟宇轉化為安平六角頭所祭祀的公廟，但因不是
百姓主要的信仰對象，所以當時香火並不盛。

現今的安平城隍廟為民國七十八年所重建，置身於
安平區安平路巷弄間，規模不
大，僅有一進，不過
廟之靈驗，並非以其
大小來判斷。主祀的
城隍爺金身係以泥土
雕塑而成，從祀、同
祀的神明有福德正
神、註生娘娘、二十
四司、文班韓德爺、
盧清爺及七爺、八爺
等。由於廟內空間不
大，所祭祀之神像其
尺寸也就比較小。比
較特別的是，安平城
隍廟大門的牛、馬爺
彩繪，係彩繪大師陳
壽彝的作品。當初之
所以選擇牛、馬爺為
主題，據說是為了有
別於府、縣城隍廟的
編制，突顯安平城隍
廟的地位。至於大門
旁的左右小港門，彩
繪之衙差臉部表情是

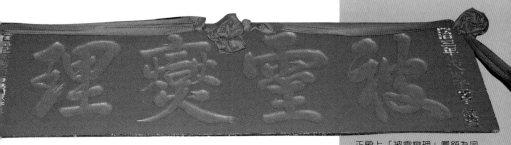

正殿上「被靈變理」匾額為同治三年（1864）的文物。

以「喜、怒、哀、樂」的方式來表達。近年來廟方並於廟旁增建側殿供奉城隍夫人。

　　近年來隨著地方發展觀光產業，廟會活動有復甦的趨勢。安平城隍廟由於設置年代久遠，加上城隍爺算是地方鄉土的守護神明，因此受到當地百姓的歡迎，尤其每當安平地區舉辦廟會活動，城隍爺出巡總是活動的壓軸，因此安平城隍廟與觀音亭、開台天后宮現同為安平地區的三大公廟。

安平城隍廟的武判官手持金鐧，頗具威嚴。

近年來台南安平城隍廟增建側殿，供奉城隍夫人。

## information

城隍爺誕辰／農曆四月十九日
城隍遶境日期／不定期
電話／(06)2227187

# 馬公城隍廟

## 建於清乾隆四十二年

1777

### 一廳兩座城隍廟

清代澎湖地區總共有兩間官祀的城隍廟，其一是文澳城隍廟，另外一座就是馬公城隍廟。澎湖之所以出現兩座官祀城隍廟，主要原因是早期發展的聚落在文澳一帶，但其腹地狹小，發展有限，加上馬公地位日益重要，因此光緒十五年（1889）清廷將澎湖廳署移至媽宮城（今馬公市），之後又興建了馬公城隍廟。這點與當時鳳山縣境內擁有兩座官祀城隍廟一樣，但形成原因卻不盡相同。

清乾隆四十二年（1777）澎湖通判謝維祺倡議改建城隍廟，當時台灣知府蔣元樞不但鼎力支持，並率先捐俸銀修建，加上地方人士熱烈響應，於是在馬公北側南澳館東邊新建城隍廟，乾隆四十四年（1779）完工落成。

初建的馬公城隍廟為三進帶左右護龍的建築，不過澎湖地處台灣海峽中線，缺乏天然屏障，每當夏季颱風來襲易受風害，因此馬公城隍廟落成後曾多次整修。最近一次整修是在民國八十七年，由內政部、澎湖縣政府民政局、文化中心等單位協助就地修葺，於民國八十八年底完工。

馬公城隍廟最近一次大規模整修是在民國八十七年。

### 建築藝術水準為澎湖首選

現今所看的馬公城隍廟為昭和七年（1932）所改建，是一座五開間兩進兩廊的合院式廟宇建築，為早年澎湖地區規模

最大的廟宇。前殿簷廊兩側以玄武
岩、花崗岩石堵雕刻疊砌而成，有日
治時期的風格；後簷有捲棚帶拜殿，
左右連接兩廊；正殿前有單開間歇山
重簷（歇山係指屋頂的山牆下方還有
一排屋簷，連接前後簷；重簷則指有
兩排屋簷。）的拜亭。廟宇室內深邃
幽暗，令人心生崇敬之感。

馬公城隍廟的木雕彩繪歷史悠
久，至今依舊鮮麗。

三川殿上的木雕及石刻不僅雕工細緻，且藝術水準
在澎湖地區算是首屈一指。進入三川殿後，抬頭一望
可以看到一方大算盤，兩邊對聯為「世事何須空計
較；神天自有大乘除」。七、八爺及文、武班頭分立

紅色城牆的媽宮城（改繪自
《澎湖廳志》）

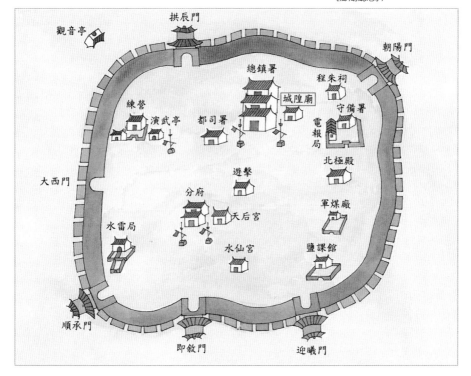

三川殿兩旁，還有「迴避」、「肅靜」等城隍爺出巡時的執行杖，而殿上懸掛清光緒年間澎湖通判程邦基所獻立匾額「你來了」「悔者遲」，警世意味濃厚。

「悔者遲」匾

越過三川殿往前走，可以看到正殿前方突出一拜亭，為單開間歇山重簷式簷，三川殿與正殿則以左右兩廂相通，是四合院格局。其間拜亭、川亭屋頂直接伸入內殿及拜亭的前後屋坡，垂直交錯，形成罕見的十字形屋面，為澎湖城隍廟建築上的一大特色。

## 城隍爺顯靈

　　光緒十一年（1885）清法戰爭，法軍進犯澎湖，馬公城隍廟傳出神明顯靈庇佑澎湖人民之神蹟。依據《澎湖廳志》的描述：「光緒十一年二月，法夷犯澎。十三日，媽宮百姓扶老攜幼，北走頂山，皆口呼城隍神保佑。時夷砲沿途雨下，顆顆墜地即止，無一炸裂傷人者，亦足異也。及事平，廳主程公據實請大憲，奏明加封，號為靈應侯，御賜『功存捍衛』之匾額。程公重建廟宇，為文記之。」這段描述似乎有點誇張，不過毀於戰火的城隍廟，在澎湖通判程邦基號召地方士紳捐款下重修，並於次年光緒十二年（1886）落成，同年光緒皇帝加封城隍，由「顯佑伯」升為「靈應侯」，並賜「功存悍衛」匾。

　　此外城隍爺另一轟動全澎湖的事跡為「一新社清水解煙毒」。依據《澎湖馬公城隍廟導覽手冊》記載，明治三十四年（1901）許多澎湖先民染上鴉片煙毒，當時地方士紳籌辦一新社，諸堂生齊集在馬公城隍廟中，祈求城隍爺解救澎湖百姓。據說，城隍爺降壇指示轉求南天文衡聖帝關公，又隔多日，城隍爺再降壇指示六則戒除鴉片條文，同時敕賜神方和成甘露水、百靈丹供戒毒者使用，結果救人無數且靈驗異常。此外一般民眾相信凡遇諸事不順時，準備紅蛋、麵線、糕餅糖果與香燭等向城隍爺祈福，往往可消災解厄，因此每天前往城隍廟消災補運者絡繹不絕。

*Chenghuang Temple*

步入正殿後只見神龕奉祀城隍爺，其造型為赭面、蓄長鬚、神情肅穆，神龕上有一「功存捍衛」匾，前側左右分立文、武判官，再往前左右各立二尊神像，分別手持釘棍、枷具、鐵叉及鐵鍊，合稱四大將，而正殿左室同祀註生娘娘，右室同祀臨水夫人。至於東西兩邊的廂房各為三開間，東邊廂房從祀有註錄司、陰陽司、褒善司，西邊廂房祀有註壽司、速報司、罰惡司等。

馬公城隍廟內道士辦法事

## 建醮法會長達一個月

每年農曆五月六日馬公城隍爺誕辰時，廟方皆會延請道士舉辦建醮法會。由於馬公城隍廟轄區遍及澎湖全境，因此建醮法會期間各地信眾還願叩謝神恩的私醮也一併舉行，使得醮會期間往往長達一個月。由於城隍爺掌管陰陽，於是每年農曆七月澎湖地區的普渡活動都是在城隍廟揭開序幕，七月底再由觀音亭舉辦普渡做為結束。自古澎湖就流傳一句俗諺：「城隍廟放，觀音亭收」。

鬼差

## information

城隍爺誕辰／農曆五月六日
城隍遶境日期／不定期
電話／(06)9273724

# 鳳邑城隍廟

## 建於清嘉慶五年

1800

鳳山縣的縣治原在興隆庄（今高雄市左營），不過清初此地是台灣民變發生次數頻繁的地區，雖然在康熙六十年（1721）朱一貴事件之後，知縣劉光泗奉命於龜山、蛇山之間修築鳳山縣城，但仍抵擋不住乾隆五十一年（1786）林爽文事件時亂民的攻擊，縣城兩次遭到破壞。事件平息後，鳳山縣治於乾隆五十三年（1788）遷置陂頭（今鳳山市），並植竹爲城，稱爲鳳山新城，而原來的縣城則改稱爲舊城。

嘉慶五年（1800），鳳山縣知縣吳兆麟在鳳儀書院西邊創建城隍廟，即鳳邑城隍廟。因此昔日鳳山縣城有新城、舊城兩座縣城，相對地也有二座縣城隍廟。

依據鳳邑城隍廟之〈城隍廟創建沿革〉描述，鳳邑城隍廟於嘉慶五年（1800）創建後，咸豐五年（1855）歲貢生吳春華等倡議重修，翌年竣工，知縣羅憲章勒碑爲記。咸豐九年（1859）又加粉飾，知縣馬慶釗捐修戲台，亦刻石記其事。目前這兩座重修城隍廟碑記立於廟側。

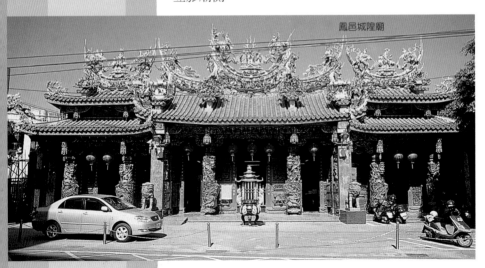
鳳邑城隍廟

鳳山新城（改繪自李乾朗《鳳山縣
城殘蹟之研究》）

忠節流芳碑

　　鳳邑城隍廟後殿左側前壁，有追悼在林爽文事件中
殉職的知縣湯大奎、典史史謙的勒石，碑文「忠節流
芳」四字居中，兩側上下附字：「乾隆五十有一年，
歲次丙午，林逆倡亂，賊黨莊大田攻陷半屏舊城，邑
令湯公大奎率子（荀業）、典史史謙守城殉節。嘉慶
庚申孟秋，鳳山縣知縣吳兆麟、典史談叠立」等字。
字體蒼勁有力，具考證價值。這是目前唯一在清代鳳
山縣林爽文事件中，追念殉國官員留下來的紀念碑。
　　鳳邑城隍廟位於鳳山縣署不遠處，日治初期曾被日
方利用充當陸軍病院，待軍方遷出後城隍廟已殘破不
堪。明治四十一年（1908）由管理人林靜觀等發起重
修，始免倒塌。戰後地方士紳鑒於本廟年久失修，傾

鳳邑城隍廟城隍爺

屺堪虞，乃於民國六十六年組重修委員會，歷時三年完成重建。

重建後的鳳邑城隍廟分前後兩殿，其中前殿主祀城隍爺，兩旁陪祀註生娘娘及福德正神，兩廂房奉祀二十四司，此外陰陽司公、功曹司公另立兩側，後殿為東嶽大帝並陪祀地藏王、十殿羅王。同一廟宇中同祀城隍爺、地藏王、閻羅王，在台灣城隍廟中相當少見。此外，後殿常有打城法事進行，是鳳邑城隍廟的一大特色。

牛將軍

陰陽司　　　　　　　　　　　　　　　　　　　　　　　速報司

鳳邑城隍廟昔日香火鼎盛，與新竹都城隍廟、台灣府城隍廟、嘉義市城隍廟，並稱台灣四大城隍廟。

## information

城隍爺誕辰／農曆五月十二日
城隍遶境日期／不定期
電話／(07)7468360

後殿祀有十殿閻王，在城隍廟中相當少見。

曾元福牌位

## 城隍爺顯靈

　　清廷將鳳山縣治遷至陂頭（即今日的鳳山市）後，其實台灣發生民變的次變並未隨之減少，當時有句話說「台灣三年一小反，五年一大反」就形容得很貼切。尤其咸豐年間清廷內部發生太平天國之亂，更讓一些有心人士有機可乘。

　　發生在鳳山縣的「林恭事件」就是很好的例子。林恭，鳳山縣人，原為鳳山縣署之壯勇，因經常和反清志士往來，後被鳳山知縣王廷幹得知而予以革職。咸豐三年（1851）四月二十八日，林恭趁太平天國之亂清廷無暇顧及台灣，而結合張古、羅阿沙等百餘人於鳳山縣番署寮揭旗起事。在義首林萬掌的協助下，林恭順利攻入鳳山縣城內，殺知縣王廷幹、典史張樹春等二十餘人，並自封為鳳山縣令，進駐縣署、開倉庫、開監獄、釋獄囚。清廷駐守在鳳山縣治的南路營參將曾元福得知林恭率眾攻下鳳山縣城後，便死守鳳山縣城的東南方火藥庫據點，林恭屢攻不下。

　　五月初到六月中清軍大舉增援，並結合據守火藥庫的曾元福進行圍勦林恭，林恭部眾因缺乏訓練及後援，最後寡不敵眾，被捕遇害。其時鳳邑城隍廟與縣署衙門相鄰不遠，且附近長有不少樹木，隱蔽性甚佳，一日林恭殘餘黨羽便聚集潛伏於城隍廟周遭，準備伺機偷襲縣署並挾持人質逃跑。未料正要行動時，一棵大榕樹枝幹突然斷裂，當場壓死數人並驚動官方，餘黨遭到圍捕。事後地方百姓認為當時是城隍爺顯靈示警，乃尊封榕樹為樹將軍，並於《鳳山縣採訪冊》記載這件事。

*Chenghuang Temple*

# 宜蘭市城隍廟

建於清嘉慶十八年 1813

　　隨著北台灣的開發漸次完成，漢移民拓墾的腳步也逐漸東移。清嘉慶元年（1796）吳沙帶領了二百多名漢人進佔烏石港，並於烏石港南方建立據點，招募彰、泉、粵籍移民一千多人合力構築土圍，正式開啓了蘭陽平原開發史，此地即被稱做「頭圍」（今頭城）。爾後，漢移民拓墾的腳步逐漸南移，循著同樣模式築起圍柵，陸續建立了二圍、三圍等。嘉慶七年（1802），漢人於蘭陽平原建立五圍（今宜蘭）。

　　由於當初漢人未經清廷同意即進行開墾，以致拓墾完成後受到海盜覬覦，如蔡牽侵犯烏石港，朱濆進佔蘇澳等。為避免蘭陽地區落入海盜手中，清廷於嘉慶十五年（1810）正式治理宜蘭，二年後設置噶瑪蘭廳，廳治設在五圍，次年（1813）興建了宜蘭城。此後隨著整個蘭陽平原的開發完成，光緒元年（1875）宜蘭由原來的「噶瑪蘭廳」升格為「宜蘭縣」。

宜蘭市城隍廟

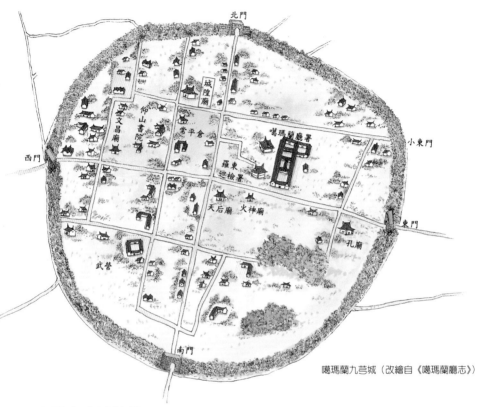

噶瑪蘭九芎城（改繪自《噶瑪蘭廳志》）

## 官民合建城隍廟

　　宜蘭市城隍廟（舊稱為噶瑪蘭廳城隍廟、宜蘭縣城隍廟）興建於嘉慶十八年（1813），係由噶瑪蘭通判翟淦捐俸與紳民合力捐建完成，因受限於腹地及經費，僅有二進三開間的格局。依《噶瑪蘭廳志》記載，宜蘭市城隍廟位於廳治西街後，南向。嘉慶十八年（1813）官民合建，廟凡兩進，諸司塑在兩廊，堂上三楹。左祀三寶佛，右祀土地神。和其他城隍廟一樣，宜蘭市城隍廟在建築上透過高矮起伏的設計，讓光線明暗間產生強烈對比，進而營造出陰森的氣氛。

宜蘭市城隍廟城隍爺

宜蘭市城隍廟自設立迄今，歷經五次重修，道光十年（1830）通判李廷璧倡募捐修，咸豐八年（1858）通判富謙捐俸倡修，同治七年（1868）通判丁承禧及士紳共同倡修，明治三十年（1897）地方士紳涂啓星、陳貴仁等募捐重修，最近一次重修是在民國八十二年。

宜蘭市城隍廟格局原爲二進三開間，因此並沒有後殿，早期城隍夫人與城隍爺一起奉祀在正殿，直到民國三十四年以後才興建側殿。宜蘭市城隍廟三川殿的廟門平常時日僅開中門，兩邊的龍門及虎門一概關閉，只有在農曆七月時中門才關閉，由兩旁的龍門、虎門進出。這點與新竹都城隍廟不同，不過其目的都是方便陰間的「好兄弟」們穿梭陰陽兩界，享用人間美食。

民國八十二年宜蘭市城隍廟雖歷經整修，但仍保有原來古樸的面貌，尤其三川殿的木雕在時間的淬煉下，更有古典美感。步入三川殿後，一方大算盤高掛

三川殿的獅座造型優美，獅座上方還有一位張開翅膀的小天使。

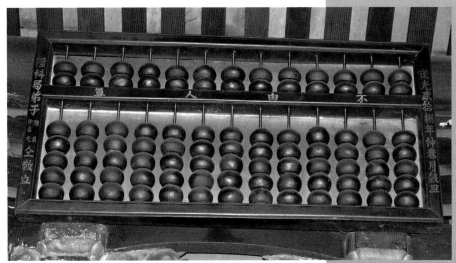

宜蘭市城隍廟的大算盤距今已有一百五十年以上的歷史。

精緻的七爺神像，傳聞係由一整根木頭所雕刻。

在梁上，上書「不由人算」，為道光二十八年（1848）陞科局弟子陳添福、邱容光所敬立，告誡人們縱使再會算計，當向城隍爺報到時，公正嚴明的城隍爺仍會將你一生所作所為算個清清楚楚。兩旁奉祀的七爺、八爺，雕工精緻全台罕見，其中七爺神像高兩丈餘，據說係由整棵木材雕刻而成。

　　宜蘭市城隍廟正殿主祀城隍爺，神龕供奉的城隍爺神像高約丈餘，係建廟時由唐山師傅所雕刻。兩旁陪祀文、武判官及皂役兩尊，至於六部司則位於兩廂房的神龕上，其中吏部司、戶部司、禮部司等位於左廂房，而兵部司、刑部司、工部司則位於右廂房。宜蘭市城隍廟六部司的編制與一般城隍廟的六司、延壽司、速報司、糾察司、獎善司、罰惡司與增祿司不同，反倒像昔日衙門的編制。其實換個角度來看，城隍廟不就是陰間的衙門嗎？

城隍廟側殿則除了奉祀城隍夫人外，尚有註生娘娘、十二婆姐和城隍廟歷代廟持。在城隍夫人神位左方有一個小房間，內有八腳床、棉被等尋常家居擺設。據說昔日民間婦女為祈福求平安，自願做城隍夫人的婢女，每天皆來此為主人鋪床整理房間、端臉盆水、摺被子等，不過這項風俗已沒有人奉行，這小房間也不對外開放了。城隍夫人旁尚奉祀大小姐、二小姐，這點則與其他城隍廟奉祀大、二公子不同。

## 城隍爺誕辰大仙尪陪同出巡

宜蘭市城隍廟不僅歷史悠久、信眾廣布，且城隍爺之靈驗在蘭陽享有盛名。每逢農曆二月八日宜蘭市城

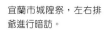

宜蘭市城隍祭，左右排爺進行暗訪。

在城隍爺出巡的隊伍中，會看到戴上形似枷鎖的人，這是向神明表示懺悔之意。

暗訪次日的出巡活動顯得輕鬆熱鬧。

隍爺誕辰時，皆會舉辦城隍出巡遶境活動，為宜蘭市最盛大的廟會活動，廟內的三十多尊大仙尪都會陪同一起出巡，場面相當壯觀，當天晚上宜蘭市民也會進行大拜拜、大請客。

　　另外宜蘭地區每年農曆六月三十日「開鬼門」，就是在宜蘭市城隍廟舉辦傳統儀式後，才進行「放水燈」為孤魂野鬼開光引道。而每年農曆七月十五日的盂蘭盆會，宜蘭市城隍廟也會舉辦法事普渡十方厲神。

### information

城隍爺誕辰／農曆二月八日
城隍遶境日期／二年一次
電話／(03)9331613

# 苗栗縣城隍廟

建於清光緒十五年

1889

苗栗昔為「貓裡」，為道卡斯平埔族貓裡社之譯音字演變而來。苗栗地區直到清雍正年間才有漢人拓墾的紀錄，乾隆初年陸續有來自閩、粵的移民大規模入墾，乾隆晚期隨著移民的增加，漢人聚落也逐漸形成，而苗栗正位於交易中心，因此逐漸形成街市。同治至光緒年間，隨著苗栗山區樟腦業的興起，加速了苗栗的繁榮。光緒十二年（1886）地名由「貓裡」改為近音之「苗栗」。清光緒十五年（1889）清廷將苗栗縣從新竹縣劃分出來，而縣治就設在「苗栗」。

苗栗設縣後林桂芬為第一任知縣。他首先於貓裡街黃芒埔派紳民環植刺竹為城，不過由於經費不足，僅簡單完成刺竹城垣，四個城門尚未建立。同年十二月二十六日興建苗栗縣城隍廟，依據《苗栗縣志》記載，知縣林桂芬捐洋銀一千元，諭飭紳董舉人

苗栗城隍爺

謝維岳、中書科中書劉宣才、幫董職員徐炳文、例貢劉聯科等倡捐建造。三堂兩廊計共十九間，翌年（1890）十一月二十日廟宇竣工，知縣林桂芬恭請城隍爺登龕奉祀，並親撰〈新建苗栗縣城隍爺碑記〉一文以誌其事。

苗栗縣城隍廟落成後沒幾年，清廷就將台灣割讓給日本。日治初期，苗栗縣城隍廟被日軍強佔，不僅祭祀香火中斷，城隍廟也無人管

今苗栗縣城隍廟鬧中取靜

理而日漸傾塌，因此地方人士四處尋覓新址並籌劃遷建，於民國七年遷建現址。此後多次翻修，於民國六十三年成為現在的廟貌，即兩層宮殿式建築。

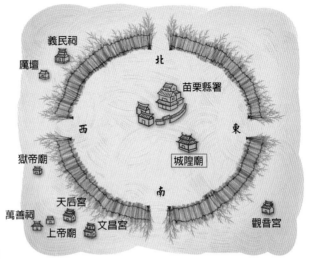

苗栗縣治圖（改繪自《苗栗縣志》）

翻修過的苗栗縣城隍廟為兩層樓鋼筋水泥建築，現代化的設施讓城隍廟古意盡失。整棟建築座落於鬧市中，樓下為南苗市場，而城隍廟位居二樓，周圍環境顯得有些凌亂。不過由於城隍廟佔地廣，加上離馬路尚有一段距離，因此雖身處鬧市但仍保有些許寧靜。

苗栗縣城隍廟共分兩殿，正殿神龕奉祀城隍爺，劍童、印童陪祀在兩側，再往前則可以看到文武判官、牛馬爺及日夜遊神、枷爺、鎖爺、董排爺、李排爺等分立兩側，至於七爺、八爺則奉祀於正殿前兩側。

正殿神龕左邊奉祀城隍太子，右邊奉祀陰陽司公，六部司、延壽司、速報司、糾察司、獎善司、罰惡司、增祿司等位於正殿兩側，後殿配祀城隍夫人。

知縣林桂芬親撰〈新建苗栗縣城隍爺碑記〉，紀念城隍廟落成。

歷經重修後苗栗縣城隍廟文物並不多，最有價值的應該是光緒年建廟時於正殿大門右下角牆壁所鑲的紀念石碑。此碑記係苗栗首任知縣林桂芬所撰，現今在城隍廟外牆左方牆角，是苗栗設縣之重要遺蹟。

## information

城隍爺誕辰／農曆七月八日
城隍遶境日期／無
電話／(03)7321184

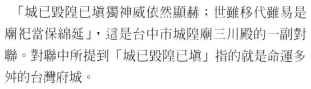

# 台中市城隍廟

## 建於清光緒十五年

1889

今日的台中市城隍廟為二進三開間的傳統廟宇建築。

「城已毀隍已塡獨神威依然顯赫；世雖移代雖易是廟祀當保綿延」，這是台中市城隍廟三川殿的一副對聯。對聯中所提到「城已毀隍已塡」指的就是命運多舛的台灣府城。

光緒十三年（1887）台灣正式建省，當時選定台灣府彰化縣藍興堡的橋孜圖（今台中市）為省城預定地，首任台灣巡撫劉銘傳前往勘察審視時，認為此地「地勢寬平，氣局開展，襟山帶海，控制全台，實堪建立省城。」

光緒十五年（1889）八月台灣省城正式動工興建，初期工程包括八門四樓和衙署、文廟、城隍廟等。不過光緒十七年（1891）四月劉銘傳去職，繼任巡撫邵友濂以夏季常阻於溪水暴漲，沿海水淺輪船難以出入和經費拮据等因素，奏請移省會於台北府城，而中止了「居中」的省會計畫。

雖然建城計畫中止，但台灣府城隍廟（即今日的台中市城隍廟）於光緒十五年（1889）由台灣知縣黃承乙創建，其址位於新庄仔（今台中糖廠廠址）。日治初期府城隍廟被日軍佔用為醫院，未久又被拆毀當做陸軍練兵場，造成廟內的神明無所歸依而暫祀民家的窘境。大正十年（1921）地方士紳林子瑾、吳子瑜、林焰墩、林祖藩、賴慶炎、林澄坡等人發起重建，組成重建委員會，並在林子瑾捐獻建廟基地，林焰墩捐獻廟埕用地下，才於台中市合作街重建城隍廟。

台中台灣府城隍廟於光緒十五
年（1889），由台灣知縣黃承乙
創建，其址位於新庄仔。（改
繪自《台中市綱要計畫》）

　　現今的台中市城隍廟（財團法人台灣省台中市城隍
廟簡稱）座落於台中市城隍里合作街，為二進三開間
的傳統廟宇建築，其格局完整，前有戲台、廟埕，之
後依序為三川殿、拜亭、正殿。三川殿前的龍柱、木
雕與石獅，雕工精緻，栩栩如生，殿門後左右兩側分
別供奉一高一矮的七爺、八爺雕像，八爺左手掌手銬
鐵鍊，右手拿「賞善罰惡」的四字牌，七爺則高舉
「火籤」，兩者神情逼真。廟內空間左右封閉，兩側的
牆上畫有十殿閻王圖。

144

# 十殿閻王

　　台灣民間喪葬禮俗「做功德」的道場或法壇布置中，往往可以看到「十殿閻王」的彩繪軸畫，一殿一張掛圖，描述亡魂進入陰間世界，接受地府法律制裁的過程，藉由輪迴的觀念，告誡世人善有善報、惡有惡報，若執迷不悟終將接受陰間法律的懲罰。

　　傳說中「十殿閻王」只聞其姓不見其名，雖有十殿，但執掌十八層地獄只有八殿，各殿主司如下：

第一殿秦廣王蔣，掌人間壽夭生死，統管吉凶。

第二殿楚江王曹，掌割舌地獄、剪刀地獄、吊鐵樹地獄。

第三殿宋帝王廉，掌孽鏡台地獄、落蒸地獄。

第四殿五官王呂，掌銅柱地獄、劍山地獄、寒冰地獄。

第五殿閻羅王韓，掌油鼎地獄。

第六殿卞城王石，掌牛坑地獄、石壓地獄、舂臼地獄。

第七殿泰山王董，掌浸血池地獄、枉死城地獄、碌地獄。

第八殿平等王陸，掌火山地獄、落魔地獄。

第九殿都市王黃，掌刀鋸地獄。

第十殿轉輪王薛，掌各殿解到鬼魂，區別善惡，核定等級，發往投生。

*Chenghuang Tem*

十殿閻羅王圖描述亡魂進入陰間世界，接受地府法律制裁的過程，此圖為五殿閻羅王圖。

正殿神龕奉祀的城隍尊神採坐姿、赭面、蓄長鬚、神情慈善，兩側從祀文、武判官，其中文判官頭戴官帽，為傳統文官造型，至於武判官則為青面，表情凶惡，負責考核審定、執行獎懲。

台中市城隍廟城隍爺

再往前左右分立牛、馬爺，手持兵器護衛在兩側，正殿左右兩側奉祀六司爺，分別為延壽司、速報司、糾察司、獎善司、罰惡司、增祿司等，陰陽司公及土地公亦供奉於兩側。除此之外另有數尊手持刑杖的差役分立兩側，其中一位手持木牌上書「不聽情、不受賄、毋枉法、毋循私」。廟中每尊神像表情各異，雕工俐落精巧，堪稱為上等之作。正殿神龕兩旁分別安置小神龕奉祀關聖帝君、註生娘娘，而正殿前橡掛著一方大算盤，號稱是全台最大的算盤。

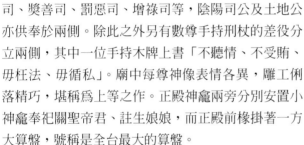

台中市城隍廟三川殿前石獅栩栩如生。

每年農曆六月十五日為城隍尊神誕辰，從六月初起，大批香客便絡繹不絕，戲台上更是不停地上演著各地信徒敬獻的還願戲。誕辰日當天凌晨廟方會舉行隆重的祝壽祭典，歷來台中地方官員包括市長、市議會正、副議長、各區區長及民意代表等均會到場參拜致意，這點與嘉義市城隍廟相同，皆為地方首長主祭。此外會中頒獎表揚各區推選出的模範孝悌家庭，形成該廟祭典中的另一大特色。

台中市城隍廟雖然設立時間不算長，但其前身為台灣府城隍廟，城隍爺是中部地區位階最高的，歷來香火鼎盛，祭祀圈遍及中部地區。台中市城隍廟還有一項令人矚目之處，就是城隍爺案辦頗為靈驗。有些檢察官辦案或刑警偵察重大刑案遇有瓶頸時，往往會到台中市城隍廟祈求城隍爺能啟發破案靈感。

例如轟動一時的台中女保險員分屍案，當案情陷入膠著時，承辦檢察官就曾到台中市城隍廟祈求。除了刑事犯罪外，城隍廟也是人們「立重誓」的地方，不過在城隍爺前「立重誓」應該是用在好的方面，否則仍是得不到城隍爺的庇佑。

八爺左掌手銬鐵鍊，右拿「賞善罰惡」的四字牌。

## information

城隍爺誕辰／農曆六月十五日
城隍遶境日期／不定期
電話／(04)22875350

## 台灣官祀城隍廟簡表

| 名　稱 | 舊　稱 | 設立年代 | 地　址 | 電　話 |
|---|---|---|---|---|
| 台灣府城隍廟（二級古蹟） | 台灣府城隍廟 | 明永曆二十三年（1669） | 台南市青年路133號 | (06) 2237316 |
| 台南首邑縣城隍廟 | 台灣縣城隍廟 | 清康熙五十年（1711） | 台南市成功路238巷52號 | (06) 2236020 |
| 財團法人台灣省嘉義市城隍廟（三級古蹟） | 嘉義縣城隍廟 | 清康熙五十四年（1715） | 嘉義市東區祐民里吳鳳北路168號 | (05) 2228419<br>(05) 2224116 |
| 舊城城隍廟 | 鳳山縣城隍廟 | 清康熙五十七年（1718） | 高雄市左營區店仔頂路1號 | (07) 5832356 |
| 文澳城隍廟（三級古蹟） | 澎湖廳城隍廟 | 清雍正八年（1730） | 澎湖縣馬公市西文里25號 | (06) 9265068 |
| 彰邑城隍廟 | 彰化縣城隍廟 | 清雍正十一年（1733） | 彰化縣彰化市大同里民生路129巷8號 | (04) 7228815 |
| 新竹都城隍廟（三級古蹟） | 淡水廳城隍廟 | 清乾隆十二年（1747） | 新竹市北區中山里14鄰中山路75號 | (03) 5223666<br>(03) 5224888 |
| 安平城隍廟 | 安平鎮城隍廟 | 清乾隆十四年（1749） | 台南市安平路121巷1號 | (06) 2227187 |
| 馬公城隍廟（三級古蹟） | 澎湖廳城隍廟 | 清乾隆四十二年（1777） | 澎湖縣馬公市光明路20號 | (06) 9273724 |
| 鳳邑城隍廟 | 鳳山縣城隍廟 | 清嘉慶五年（1800） | 高雄縣鳳山市鳳崗里18鄰鳳鳴街66號 | (07) 7468360 |
| 宜蘭市城隍廟 | 宜蘭縣城隍廟噶瑪蘭廳城隍廟 | 清嘉慶十八年（1813） | 宜蘭縣宜蘭市中山里城隍街12號 | (03) 9331613 |
| 苗栗縣城隍廟 | 苗栗縣城隍廟 | 清光緒十五年（1889） | 苗栗縣苗栗市米市街34號 | (03) 7321184 |
| 財團法人台灣省台中市城隍廟 | 台灣府城隍廟 | 清光緒十五年（1889） | 台中市合作街94巷50號 | (04) 22875350 |

台灣<sub>的</sub>民祀城隍廟

台灣的
民祀城隍廟

據統計，民國八十八年時全台共有九十五座城隍廟，其中有七十七座屬於民祀城隍廟。這些民祀城隍廟大部分於戰後設立，僅有少部分於日治之前就已經存在。民祀城隍廟少了官方資源的挹助，經營上較為辛苦，但能夠留存至今，顯示其長期受到地方百姓尊崇，禁得起時間考驗。

# 中寮安溪城隍廟

## 建於清乾隆四十年

## 1775

中寮安溪城隍爺共有五尊，圖為大城隍。

中寮安溪城隍廟堪稱全台規模最大的城隍廟，其周遭別有洞天。

早年先民結伴自原鄉渡海來台拓墾，面對黑水溝及不可測的未來，為了祈求旅途平安，往往會攜帶家鄉的守護神隨身保佑。來到台灣後，瘴癘之氣、惡劣環境，甚至原住民的威脅，隨時環伺在生活周遭，此時來自原鄉的守護神不僅是精神的支柱，更是凝聚族群的最大力量。台灣許多歷史悠久的廟宇，都有類似的成立過程。

根據《嘉義縣志》記載，清康熙末期安溪縣張姓移民渡海來台，至鹿草重寮庄拓墾定居，同時同安施姓移民亦聚集在臨近的施厝寮，修建簡單的廟宇供奉家鄉迎來的城隍爺。不久先民張旦也從安溪迎請城隍爺來台，於是乾隆四十年（1775）張、施兩姓於現址共同建廟安置城隍爺，即今日中寮安溪城隍廟的前身。

城隍廟設立後，嘉慶十四年（1809）境民協同捐金修繕；咸豐三年（1853）廟宇破損，張永成倡募修繕；昭和四年（1929）廟宇再度傾廢，張文進乃募捐重修。往後隨著經濟能力改善，整修擴建的次數也增多，最近一次大規模重修是在民國七十三年完成後殿的修建及擴建。在歷年熱心虔誠信徒的捐贈下，中寮安溪城隍廟不僅規模龐大，甚至其周邊區域在管理委員會的規劃下，改建了現代化廁所、藝術化走廊、拱橋、

涼亭、休閒烤肉區、露營區、音樂噴泉等，並配合美化綠化工程，成為一休閒公園，號稱為全台灣規模最大的城隍廟一點也不為過。

中寮安溪城隍廟管委會在廟旁增建許多設施，宛如一處觀光勝地。

一般城隍廟著重城隍爺主掌陰間的功能，因此都會配置大型從祀神像如文、武判官、七爺、八爺、牛爺、馬爺、六司公等，隨侍在城隍爺兩側，但中寮安溪城隍廟卻僅有列柱是一般城隍廟所常見的，至於神像的配置只有七爺、八爺，整體感覺反倒像一般廟宇般讓人容易親近。

中寮安溪城隍廟正殿共祀五位城隍爺，其中大城隍為建廟時的泥塑金身，面黑、蓄長鬚、著龍袍、表情嚴肅，安置在正殿神龕上，另外旁邊的二城隍、三城隍即為早年先民渡海來台所攜帶的家鄉守護神，正殿兩側則奉祀城隍夫人及福德正神。後殿有三層樓，二樓主祀觀世音菩薩，兩旁同祀註生娘娘及福德正神。三樓主祀神明為玉皇大帝，兩旁同祀為南斗星君及北斗星君。

中寮安溪城隍廟的空間配置，僅有列柱與其他城隍廟相同。

中寮安溪城隍廟每年舉辦兩次大型活動，分別為農曆五月二十八日城隍誕辰祭典和中秋節城隍安營遶境活動。中寮安溪城隍廟地處嘉南平原上，算是鄉村型的廟宇，周圍有開闊的空地，因此年度的城隍誕辰廟會前後，廟宇左側空曠的廣場幾乎成了廟會市集，呈現出五十年代廟會活動趕熱鬧的感覺。此外中秋節城隍安營遶境活動在皎潔的月光下，由乩童帶領進行安營遶境中寮村全村，頗具有地方特色。

## information

城隍爺誕辰／農曆五月二十八日
城隍遶境日期／農曆八月十五日
電話／(05)3752005

# 竹山靈德廟

## 建於清道光十一年

### 1831

竹山舊名林圯埔，是漢人開發南投縣最早的地方，其地名由來是爲了紀念明鄭時期參軍林圯首先率部開墾竹山。雖然竹山的開發歷史最早可追溯自明鄭時期，但隨著清治台灣初期，對移民拓墾採取嚴格限制，加上竹山地處內山交界，常有原住民侵擾，因此除了少數據點外，前來拓墾的移民並不多。

康熙末年渡台禁令漸弛，漢人才積極移入拓墾，透過墾首制結合眾人的力量開發，並配合修築水圳、引水灌溉，漸漸地荒埔闢成良田。歷經雍正、乾隆時期的開發，到了清朝中葉竹山地區大致開發完成，不僅有許多漢人聚落，也形成了街市，其中又以林圯埔街出現最早。

如同大多數漢人移民聚落的發展一樣，草創之初只求溫飽，對於宗教信仰無暇顧及。初具規模後，宗教信仰的渴望乃應運而生，尤其是對於救難、祈雨、治病、安產、利市等方面的祈求。當聚落發展更成熟後，在宗教信仰上也從日常生活的需求提升至社會教化，城隍廟便在這種情況下產生。

根據《雲林縣采訪冊》記載：「城隍廟，在林圯埔下菜園；坐北朝南，祀城隍尊神，歲時士女焚香不絕；前爲武生陳朝魁捐建，後里人互有重修；距縣二十五里。」道光十一年（1831），林圯埔街總理陳朝魁聞知彰化縣城隍廟（今彰邑城隍廟）頗爲靈驗，乃前往割香分靈，並以自宅捐贈爲廟宇，號稱城隍廟，爾後屢經附近居民重修。到了光緒十年（1884），林圯

改建後的靈德廟是竹山地區最具規模的廟宇。

埔街總理鍾文銅鑒於城隍爺神威顯赫、香火鼎盛，乃發起改建，並更名為靈德廟。

由於靈德廟城隍爺頗為靈驗，除了林圯埔街外，信徒遍及沙連、鯉魚頭兩堡，使得靈德廟與連興宮（媽祖廟）成為林圯埔地區香火鼎盛的兩大廟宇。

明治三十七年（1904）地方士紳林月汀、陳紹唐、曾君定、魏林科等人倡議重修廟宇，並擴建拜亭等，奠定今日之基礎。日治後期由於靈德廟為地方性民祀廟宇，加上地處竹山較偏遠地區，因此受到皇民化運動的衝擊較小。戰後隨著城隍爺聲名遠播，加上熱心信眾的參與和支持，靈德廟歷經多次擴建，最近一次較大規模的整修是在民國八十年，現靈德廟已成為竹山地區頗具規模的寺廟。

靈德廟正殿除了主祀城隍尊神外，從祀文判官、武判官、牛爺、馬爺、七爺、八爺，兩旁同祀福德正神、林圯公及地藏王菩薩。其中林圯公為紀念開拓竹山先賢林圯所設的神像，於台灣地區相當少見。

早期靈德廟一年有兩次祭典，分別是農曆六月十五日城隍誕辰，及十一月十日三官大帝生日，又稱為冬尾祭。現今僅於農曆六月十五日舉行，廟會活動期間不僅信徒聚集、演戲慶祝，更有城隍出巡遶境活動，為竹山鎮年度一大宗教盛事。

竹山靈德廟城隍爺

竹山靈德廟廟序

information

城隍爺誕辰／農曆六月十五日

城隍遶境日期／農曆六月十五日

電話／(049)644119
　　　 (049)644281

# 鹿港城隍廟

建於清道光十九年
1839

鹿港開發得早，明末就有大批漢人來此拓墾，然而鹿港真正興盛繁榮應該是在清乾隆四十九年（1784），清廷正式將鹿港設為「正港」，與對岸泉州蚶江口對渡。之後鹿港憑藉其優良的港灣形勢，及以台灣中部富庶平原為腹地的情況下，吸引大批商人來此通商貿易，成為清代中葉台灣重要的商業港口，最高峰時每天約有一百艘左右的帆船進出，「鹿港飛帆」成為當時著名的勝景，這也讓鹿港與台南府城、台北艋舺並列為台灣三大都市。

鹿港城隍廟的三川殿面貌直到民國八十六年重建時才回復。

龍山寺

鹿港老街圖

## 從晉江石獅城隍廟分靈而來

　　雖然鹿港在清代中葉後經濟發達、人口稠密，但彰化縣的縣治所在地始終為彰化而非鹿港，即使設有「北路理蕃同知兼鹿港海防總捕分府」，但是編制上依例是不設置官祀城隍廟的。然而後來鹿港為何有城隍廟呢？原來鹿港城隍廟原名鰲亭宮，係早年鹿港居民自原鄉泉州府晉江縣石獅鄉石獅城隍廟分靈而來。

　　據地方傳說，曾經有一位永寧高姓商人有次貨物不幸失竊，久未破案，於是有人獻策恭請故鄉的城隍爺渡海辦案，於是商人專程自石獅城隍廟將城隍爺請到鹿港協助辦案，結果不出幾日便人贓俱獲，自此城隍爺便留在鹿港。鹿港城隍廟究竟創建於何時，坊間傳言為清乾隆十九年（1754），不過依據鹿港地方文史工作者葉大沛於《鹿谿探源》一書中所考證的，認為於道光十九年（1839）可能性較高。

鹿港城隍爺封爵為「忠祐侯」，與其他地方的城隍爺不同。原來鹿港城隍爺雖自石獅城隍廟分靈而來，但石獅城隍又源自永寧城隍的分香，而永寧城隍爺於明初曾受敕封為「忠祐侯」，因此鹿港城隍爺承襲這個稱號，與一般人們所熟知的「靈祐侯」不同。

鹿港城隍廟創建之初，其所在位置正是位於鹿港的「不見天街」上，是唯一一間座落在五福街上的閣港大廟。其時正是鹿港最繁榮熱鬧的年代，可以想見城隍廟信男善女出入雜沓、香火鼎盛的景象。

鹿港城隍爺承襲永寧城隍爺的稱號為「忠祐侯」。

出身鹿港的宏碁電腦公司施振榮所贈之「靈蹟昭著」匾額

## 城隍爺顯靈

鹿港城隍廟創建迄今，神威顯赫，威名遠播，相當靈驗，其中最膾炙人口的故事，就是民國七十三年宏碁電腦公司的失竊案。當時宏碁電腦失竊價值四千多萬的電子零件，報警處理未料案情陷入膠著，延宕多日始終沒有進展，於是總經理施振榮至鹿港城隍廟奏請八爺駐廠偵查，結果不出五日就宣告破案。事後施氏特別致贈「靈蹟昭著」匾額給鹿港城隍廟，此事也成為當年家喻戶曉的社會新聞。

*Chenghuang Temple*

## 三川殿的木雕與彩繪為精華所在

　　清道光二十八年（1848）鹿港地區發生大地震，許多建築物倒塌，城隍廟也受到波及。道光三十年（1850）二月，地方士紳發起民眾募捐重建，並擴大原來規模，落成後的城隍廟坐東北朝西南，為三開間三落二院縱深式的街屋型廟宇，建築布局依次為廟埕、三川殿、拜殿、正殿、天井、後拜殿、後殿及巷道。

官將首是城隍祭的成員之一，其表現較為陽剛，不同於八家將的陰柔。

　　日治昭和九年（1934）因實施「市區改正」計畫，拆除了「不見天街」和部分的廟宇，城隍廟也遭到破壞，包括原來俗稱「餒鬼埕」的廟埕、三川殿、拜殿及兩旁的天井均被拆除，取而代之的是圓形山牆式的牌樓與日式騎樓門亭，與原有的布局格格不入，這部分直到民國八十六年才完成修復重建工作，回復原有的三川殿面貌。但受限廟宇土地的縮小，原拜殿及左右天井已不復存在，氣勢上大不如前。

　　三川殿為廟宇的門面，自然成為廟宇裝飾的重點。民國八十六年城隍廟重修時，三川殿木雕為薪傳獎得主施鎮洋的力作，雕工相當精緻，而彩繪部分則由和美匠師陳穎派班底獨挑大梁，遵循古法繪製，作品華麗優美，使得三川殿的木雕與彩繪成為全廟的精華，相當具有可看性。

　　鹿港城隍廟正殿主祀的城隍爺面黑、蓄長鬚、雙手

三川殿的木雕人物栩栩如生。

古意盎然的瓷器香爐落款年代為道光二十一年

「善惡分明」圓鏡匾額在一般寺廟並不多見。

在前合持奏板、神情肅穆，著明代武將朝服，與其他城隍爺文官服飾不同，為城隍廟創建時的原物，充分表現了道光年間神像雕刻的藝術水準。城隍爺兩旁則從祀頭戴官帽、表情嚴肅的文、武判官，再往前則為左右衙役、牛爺、馬爺及七爺、八爺等。至於正殿兩側分祀二十四司官，分別為來錄司、財庫司、保健司、人丁司、速報司、見錄司、感應司、功考司、學政司、監獄司、功過司、警報司、陰陽司、掌案司、記功司、罰惡司、掌善司、賞罰司、巡察司、註福司、註壽司、改原司、瘟疫司、宣發司等。後殿主要供奉觀世音菩薩，兩旁同祀註生娘娘及配祀城隍夫人。

鹿港城隍廟內現存古物不少，如道光二十一年（1841）的瓷器香爐、道光三十年（1850）重建時的石獅子與「重修鹿港城隍廟碑記」古碑、罕見的「善惡分明」圓鏡匾額……等，此外也不乏木雕精品（如正殿前金柱上的鰲魚），彩繪部分亦可欣賞到大師郭新林之作品。

**information**

城隍爺誕辰／農曆五月二十八日
城隍遶境日期／不定期
電話／(04)27788545

## 大稻埕霞海城隍廟

### 建於清咸豐八年

**1858**

### 從福建泉州渡海而來

　　位於台北市迪化街的霞海城隍廟建於清咸豐八年（1858），建廟歷史僅百餘年，在台灣的廟宇中並非歷史最悠久的，且佔地僅有五十餘坪，二進三開間的格局更談不上巍峨、壯麗，但其信仰圈之廣、香火之盛、迎神賽會之熱鬧，在台灣的廟宇中可說是名列前矛。

　　霞海城隍原是福建泉州府同安縣下店鄉海邊厝五鄉庄居民的守護神，因下店鄉別名霞城，而城隍廟又設於霞城的臨海門旁，因此來台後又稱霞海城隍廟，是典型漢移民渡海來台拓墾時，從家鄉攜來的地方鄉土神明。

大稻埕霞海城隍爺金身

　　大約在清道光元年（1821），來自同安縣的移民攜

香火鼎盛的大稻埕霞海城隍廟

大稻埕霞海城隍祭

帶霞海城隍金身渡海來台，首先落腳於艋舺八甲庄，
由陳金絨奉祀，原只是家族內祭拜的神明，逐漸成為
同安人共同的信仰。咸豐三年（1853）艋舺地區發生
了「頂下郊拚」，當時「頂郊」（即晉江、惠安、南安
等三邑）人出其不意以火攻八甲庄，「下
郊」同安人不敵敗退，集體遷往大龍峒與
大稻埕，霞海城隍亦同時被「護駕」逃
出，在遷徙的過程中犧牲了三十八位義勇
壯丁，後供奉於城隍廟，名為義勇公。

大稻埕霞海城隍廟內義勇公牌位

　遷至大稻埕後，城隍爺最初置於杜厝
街陳金絨之子陳浩然經營的金同利糕餅
舖，隨著越來越多的同安人遷移至大稻
埕，香火日盛，因而有了建廟之議，並獲
得熱烈迴響。

咸豐八年（1858）三月十八日城隍廟開始動工，於
咸豐九年（1859）三月一日落成，建廟之初受限於經
費，廟宇規模不大。落成後不久大稻埕卻逐漸興起，
商業鼎盛，茶葉外銷尤其暢
旺，更帶動地方經濟繁榮。
光緒五年（1879）霞海城隍
廟開始了第一次祭典活動，
往後隨著經濟的富裕，加上

大稻埕霞海城隍祭
與大龍峒大道公出
巡、青山王祭並稱
為台北三大祭典。

人們認爲地方繁榮乃是城隍爺的庇佑，因此霞海城隍的祭典日漸盛大，成爲當地居民年度重要的大事。

霞海城隍廟發展最大的轉折，應該是在日治時期。因爲清代縱使廟宇香火再盛，因交通往來不便，也只是侷限於地方，無法擴展至全國，但日治以後隨著西部鐵路幹線的完工，交通便利、新聞傳播普及，霞海城隍祭典因而盛名遠播，祭典所引來的人潮也帶給大稻埕許多商機。

## 市屋型廟宇建築

霞海城隍廟坐東朝西略偏南，爲二進三開間「市屋型」廟宇，然正身之外又發展出配殿、偏殿及過水廊，並形成兩個小天井。其中拜殿爲整體建築之門面，集於

傳說城隍爺暗訪時，小兒食用七爺身上所掛的鹹光餅，可保平安。

大稻埕霞海城隍祭所張貼的路關，告知信衆城隍爺出巡行經之處。

屋脊之剪黏及門扇彩繪，爲人們注視的焦點。正殿主祀霞海城隍爺，從祀文判官、武判官、八司（延壽司、速報司、糾察司、獎善司、功過司、陰陽司、罰惡司、增祿司）及牛爺、馬爺，由於地方不大，空間頗爲侷促。配殿祀有義勇公及城隍夫人等，此外廟內容納了六百多尊神像，是台灣神像密度最高的地方。

霞海城隍廟因建築之初資金不足，佔地僅五十多坪，無法建造宏壯的廟貌。民間傳說此地是風水上的「雞母穴」，假如輕易翻動，便會破壞巢穴，使地方不安，因此縱使霞海城隍廟香火再鼎盛，信徒也不敢隨意翻修。

## 農曆五月十三城隍廟祭

大稻埕霞海城隍祭的遶境平安封

大稻埕霞海城隍祭虎爺進行暗訪。

霞海城隍廟最負盛名的莫過於一年一度的城隍祭。霞海城隍祭典於每年農曆五月十一日午夜一連兩天的「暗訪」揭開序幕，所謂「暗訪」就是神明在夜間出巡，以探查人間的善惡是非。

十三日當天才是城隍誕辰日，此時家家戶戶張燈結綵、焚香點燭、拜神請客。遶境也於當天上午開始，為此大稻埕地區的商紳組成了靈安社，以配合霞海城隍誕辰祭典活動。

遶境隊伍中的報馬仔

陰陽司公

## 靈安社

　　每當舉行霞海城隍祭時，各地的陣頭、軒社都會前來祝壽，活動相當隆重熱鬧，在眾多陣頭中又以「靈安社」最引人注意。靈安社是一個歷史相當悠久的團體，早在清同治十年（1871），在大稻埕經商的信徒們就組成「靈安社」以配合霞海城隍祭典活動，此後靈安社成為霞海城隍爺駕前的子弟社團，每年五月十三日迎城隍廟會活動時，靈安社遊藝陣容都相當受矚目。此外靈安社的北管子弟戲、北管樂團也相當活躍。

*Chenghuang Temple*

靈安社是大稻埕霞海城隍廟的子弟陣頭，華麗的手拉綵車沿途會播放音樂。

八將團除了參加暗訪、遶境外，也負責護衛社區不受邪魔侵擾，以平安迎接祭典的到來。

# 田都元帥

　　在台灣廟會遊行往往可見到一位臉上有隻小螃蟹的神明，這就是田都元帥。有關田都元帥的傳說，版本相當多，依據《三教搜神大全》記載，田都元帥為音樂之祖師。為台灣北管戲曲中西皮派主要奉祀的神明。民間相傳田都元帥為唐朝人，其生母採食稻穀後懷孕，由於未婚生子，因此不得已將嬰孩丟棄田埂間，幸賴螃蟹吐白沫餵養乃能倖存，後來被農人收養，取名雷海青。

　　雷海青從小天賦異稟、聰穎絕倫，尤長於音樂，舉凡樂器無不精通，且善於譜曲。後來被唐玄宗召入宮為樂工，譜〈霓裳羽衣曲〉名噪當時，被封為御前都尉，帶領梨園子弟，於梨園飾演元帥時暴斃。所以其造型為身著戎裝，頭戴雉尾。安史之亂時曾三次顯靈護駕，於空中現有「田都」二字之旂。所以後人以田都元帥稱之，世人奉為音樂祖師。

　　由於田都元帥曾受螃蟹吐白沫餵養，因此台灣的田都元帥臉上往往會有一隻小螃蟹，以紀念螃蟹餵養之恩，甚至西皮派弟子還有不吃螃蟹的習俗。

*Chenghuang Temple*

大稻埕霞海城隍廟祭中田都元帥的大仙尪仔也會參與遶境。

　　每逢迎城隍活動，靈安社都準備了盛大的遊藝陣容參與盛會，在遊行行列的最前方為鼓樂，接著是台閣、綵亭、花擔、茶擔、儀衛、掌管印令書吏，最後是浩浩蕩蕩、昂首闊步的六十將，護衛城隍神駕巡視街頭。祭典最精采之處莫過於各陣頭的表演，各隊伍走向城隍廟向城隍拜壽時，總會拿出看家本領，絕活盡出，參觀者人山人海，因此霞海城隍祭典有「五月十三人看人，迎神賽會甲天下」的美譽。

## 月下老人漸受青年男女青睞

霞海城隍廟還有一個特別之處，就是廟內供奉了一尊月下老人。隨著社會型態轉變，晚婚人口越來越多，為因應時代潮流，許多廟宇也開始供奉月下老人，只不過霞海城隍廟特別靈驗，以致前來祈福的人絡繹不絕，尤其在幾個大日子如二月十四日西洋情人節、農曆七月七日七夕情人節及農曆八月十五日月下老人誕辰，祈求、還願的人特別多，這也是霞海城隍廟貼近人們生活之處。

月下老人

### information

城隍爺誕辰／農曆五月十三日
城隍遶境日期／農曆五月十三日
電話／(02)25580346
　　　(02)25586146

### 拜月老的流程

如何拜月老呢？相信大多數人可能沒有經驗，為此體貼的廟方將祭拜月下老人的流程公布於廟前。

一、第一次拜月老，先買金紙，再到辦事處買貢品（糖、紅絲線、鉛錢）。

二、點好香，先拜天公（不插香），再拜城隍爺，向月下老人報告自己的姓名，再到外面的香爐插上三炷香。

三、將鉛錢、紅絲線在香爐上順時鐘方向繞三圈，即可收藏在皮夾裡。下次來拜拜再拿來過香爐加持，可以多一份祝福。

# 基隆城隍廟

## 建於清光緒十三年

### 1887

光緒元年（1875）清廷設台北分府通判於雞籠，掌理煤務，並將雞籠改名為基隆，以寓「基地昌隆」。不過基隆真正邁入繁榮、現代化應於日治時期。日治初期日本人積極籌建基隆港，尤其在明治四十一年（1908）年縱貫鐵路全線貫通後，基隆築港工程全面展開，使得基隆迅速崛起，成為北台灣重要門戶。

基隆城隍廟位於基隆市仁愛區忠一路上，廟門正好面對基隆港，相傳當初係因地方天災人禍不斷，為了靖安，由舉人江呈輝、秀才張尚廉發起捐建。根據史蹟專家林衡道《臺灣勝蹟採訪冊》所載，當地傳說基隆城隍廟城隍爺是清代基隆廳第七任海防通判包容，其人慈善、勤正愛民，積勞成疾卒於任內，歿後地方官民頌其德，因此以泥塑像供奉於此，並尊稱為護國城隍。

基隆城隍廟城隍爺黑面、蓄鬚，相傳是清代基隆廳第七任的海防通判包容。

　　隱身於繁華市區的基隆城隍廟，旁邊就是屈臣氏等店家，再加上沒有顯著的廟埕，三川殿又與兩旁騎樓連接，因此許多遊客都在逛街中不小心「逛」入城隍廟。

　　基隆城隍廟門口的兩隻石雕獅子，造型頗具威嚴，三川殿懸掛一只大算盤，提醒世人要謹守禮法，切莫棄善從惡，否則一切罪惡終究逃不過城隍爺的清算。進入三川殿後可以看到天井及兩旁的過水廊。天井內擺有一只大香爐，而兩旁過水廊僅貼有白色瓷磚，並無特別

城隍廟門口的石雕獅子造型頗具威嚴。

裝飾。往前進入正殿後，可以看出其建築仍採傳統廟宇方式，棟梁架構上採用「三通五瓜」「疊斗」等手法。正殿居中的神龕供奉城隍爺，為黑面、蓄鬚造型，神情莊嚴優美，相傳為清末泉州府著名匠師所雕刻。至於左右兩側依序供奉著文、武判官和延壽司、罰惡司、速報司、增祿司、獎善司、糾察司、陰陽

馬爺、枷爺、鎖爺等雕像雕工精緻，神情逼真。

基隆城隍廟沒有顯著的廟埕，三川殿與兩旁騎樓連接，遊客往往不注意就逛進了城隍廟。

北管戲曲福祿社信奉西秦王爺。

司、功過司等八司爺，及牛爺、馬爺、日遊神、夜遊神、枷爺、鎖爺等六大將大型雕像，至於七爺及八爺亦供奉在兩側。此外，廟內也供奉文昌帝君，因此每年考季期間，許多家長也會帶著孩子的准考證來此拜拜，祈求保佑能有好成績。

後殿配祀城隍夫人及太子，二樓還有北管福祿戲班「聚樂社」及供奉西秦王爺，並隨祀馮丞相和李元帥。

基隆城隍廟城隍爺誕辰為農曆八月十六日，每到這一日城隍爺會出巡遶境，祈求平安。民國四十一年起合併於三月二十三日統一祭典，但到了

民國六十五年後又恢復八月十六日舉行遶境。

基隆護國城隍出巡遶境時，北管福祿戲班聚樂社會隨著城隍爺神駕出巡，聚樂社至今已有一百二十年歷史，為基隆地區「福祿派」最大的子弟團，設武英殿會館在基隆城隍廟，平時就在城隍廟內練習。

基隆城隍廟聚樂社牌位

## 西皮、福祿之爭

北管在清嘉慶年間由福建傳入台灣，清道光年間有北管樂師簡文登在噶瑪蘭開館授徒。參加弟子眾多，後來同門師兄弟又分「西皮」與「福祿」二派。

「西皮」以「堂」為名號，信奉田都元帥，而「福祿」以「社」或「郡」為名號，信奉西秦王爺。雙方經常為了廟會陣頭比賽而較勁，各樹旗幟互相對立，因此產生了「西皮」與「福祿」兩派之爭，甚至演變成打群架或械鬥的事件。日治時期北管戲曲在基隆地區日趨興盛，因當局管理得宜，兩派間的爭鬥才漸趨和緩，開始有較多的交流切磋。

*Chen-huang Temple*

## information

城隍爺誕辰／農曆八月十六日
城隍遶境日期／農曆八月十六日
電話／(02)24250955
　　　(02)24621997

# 埔里瀛海城隍廟

**1887**

　　埔里位居台灣地理中心，屬於標準的盆地地形，周遭有連綿的山脈、起伏的丘陵，境內有寬闊的平原、肥沃的土壤、蜿蜒的河川，相當適合農作栽培。早期的埔里爲泰雅族、布農族、邵族等生活的區域，當時清廷採劃界封山制度，禁止漢人入墾。不過當台灣許多平原已開發殆盡後，埔里就成爲許多漢人覬覦的目標，尤其是嘉慶年間所發生的郭百年事件，不僅重創了當時的埔里族群，連帶地也影響後來整個埔里盆地族群人文的分布。

　　此後清廷的態度仍在「開發」與「禁墾」間擺盪、猶豫不決，直到牡丹社事件後，清廷的態度才轉趨積極。光緒元年（1875）清廷將彰化縣埔里社番地六社改置爲埔里社廳，廳治設於大埔城，置中路撫民理番同知，並於光緒十一年（1885）改爲埔里社撫民通判。

　　光緒十三年（1887），第三任埔里社撫民通判吳本杰撥官銀在大埔城內北門街興建城隍廟，每年並供給三十石稻穀做爲香火錢。由於官方每年贊助，因此埔里城隍廟也有部分的官祀色彩。

　　廟方沿革記載埔里城隍廟又稱瀛海城隍廟，傳說埔里城隍爺神像爲道光二十七年（1847）由北路理番同

瀛海城隍廟曾毀於九二一大地震。

知史密帶進埔里。廟方考證這尊城隍
爺神像，可能是鄭成功渡台時，所移
請的十數尊神明之一，後來才輾轉進
入埔里。爲了突顯這尊城隍爺的來
歷，於是特別加冠「瀛海」二字，表
示這尊城隍爺是渡海而來的。

瀛海城隍爺傳說是鄭成功由中
國攜來的神像之一。

　光緒二十一年（1895）日軍佔領埔
里，以原埔里廳官署爲台灣民政支部
埔里社出張所，並以城隍廟做爲埔里
社憲兵隊舍，直到明治三十二年（1899）憲兵隊撤出
後才恢復城隍廟舊貌。在歷經這場浩劫後，埔里瀛海
城隍廟有部分的神像損毀。根據《南投縣志》記載，
大正二年（1913）颱風成災，造成城隍廟傾倒損毀，
於是地方士紳倡議將神像遷至「懷善堂」繼續奉祀。
後來在全國寺廟登記時將懷善堂登記爲城隍廟。

　民國五十年起城隍廟改建，於民國六十年完工，歷
時十年。改建後的城隍廟氣派宏偉，前殿奉祀瀛海城
隍廟尊神，後殿爲龍鳳閣懷善堂，飛簷三層裝飾龍飛
鳳舞，爲埔里鎮上重要的廟宇，可惜九二一大地震後
僅後殿倖存，城隍爺只好暫奉於後殿供民眾膜拜。據
管理委員會表示，城隍廟現正重建中，屆時重建完
成，將以較寬廣的空間配合地方的宗教活動。

瀛海城隍廟也奉祀觀世音菩薩。

## information

城隍爺誕辰／農曆六月十五日
城隍遶境日期／不定期
電話／(049)982850

# 苗栗出礦坑城隍宮

建於日明治三十二年

1899

提到九份、金瓜石，很多人都知道是台灣金礦最重要的產地，甚至對其發展過程略知一二。但相信很多人還不知道，台灣也出產過石油，而且其開採年代比九份發現黃金的時間還早，這地方就在苗栗縣公館鄉的出礦坑。

出礦坑位於苗栗縣公館鄉境內，地處後龍溪上段東西橫谷之南側，關刀山山地北麓。出礦坑又名出礦坑，早年常自地底下冒出許多硫磺色液體，因此當地人又稱之為硫磺窟。依據《淡水廳志》記載：「礦油出貓裡溪頭內山，油浮水面，其味臭。每日申酉二時，方可撈取，煎煉為用甚廣。」《公館鄉志》記載光緒二年（1876），兩江總督沈葆楨巡視台灣，聽說出礦坑出產石油，而且民間

出礦坑城隍宮
城隍爺

自行開採常引起糾紛，於是主張以官辦方式加以開採，並由福建巡撫丁日昌具名向清廷奏陳得到同意，旋自當年起收歸官辦，開發苗栗油

改建後的出礦坑城隍宮規模不大，皆為水泥建築。

田。同年開始用土法鑽井，效果不彰遂改採西法，由美國購入鑽探設備，並委由旂昌洋行延聘英籍及美籍技師進行後龍溪石油之開發。由於出礦坑地處內山交界，常有原住民侵擾，加上開工後不久工人相繼感染流行病、鑽探機損壞等，造成地方人心惶惶，地方墾戶邱阿玉特由原鄉廣東梅縣白泥湖恭請城隍爺來鎮守，這就是出礦坑城隍宮的由來。

早期出礦坑地處內山交界，因開採石油逐漸形成聚落，而今也有油氣出產。

　城隍爺初被安置於今礦場纜車旁奉祀，明治三十二年（1899）日本人為擴大出礦坑探勘規模佔用宮地，城隍宮遂遷移至今開礦村現址。當時由邱大滿捐地，邱阿玉、何阿泉、羅吉興、管阿興、邱阿泉等人發起籌建，會同地方信士多人共同出資協力，及在當時礦場主任日本人五十豐的贊助下，始完成出礦坑城隍宮。

出礦坑城隍宮八爺手拿
「獎善罰惡」告示牌。

初設置的出礦坑城隍宮規模並不大，昭和十年（1935）台灣中部發生大地震，當地房屋倒塌十之八九，而城隍宮的拜亭及廂房受到毀損，不過受制於當時人力、物力有限，僅能對部分損毀的建築加以簡單修繕。

民國五十四年城隍宮已殘破不堪，地方人士於是發起改建，獲得熱烈迴響，在善心信眾的捐輸下，完成改建工程。重建後的城隍宮為鋼筋水泥建築，面對開闊的後龍溪，展望相當好，只不過規模依舊不大，僅有正殿、拜亭及廂房等，且斗栱、門扇、雀替、梁柱等，皆以水泥製造。正殿神龕內城隍爺金身為建廟時在廟內就地塑造，城隍爺神情威嚴，另有兩尊城隍爺雕像為木刻，雕工造形莊嚴、威儀。兩側從祀有文判官、武判官、七爺、八爺等，供奉的神像不多。另外左廂房祀有當年獻地的邱大滿祿位。邱大滿曾於清咸豐、同治年間，組金廣萬墾號開發出礦坑，為拓墾出礦坑地區的始祖。廟的左側後方建有大型金爐，專司燒私庫錢。

**information**

城隍爺誕辰／農曆十二月十五日
城隍遶境日期／無
電話／(03)7222086

## 何謂庫錢、私庫錢？

　　所謂庫錢，根據劉還月《台灣民間信仰小百科》一書提到，民間傳說認為每個人出生之前，都必須向閻王借錢投胎轉世，死時必須帶更多的錢回到陰間，這些帶回去的錢就是庫錢。因此在中元節時許多人都會捐獻庫錢，於超渡法會後集中焚燒給祖先。為了避免孤魂野鬼搶奪，當地習俗認為城隍爺主掌陰間，因此到城隍廟內將這些庫錢逐一蓋章確認，就成私庫錢，於超渡法會後再到特定的金爐焚燒，這些庫錢就會送到祖先手上，因此每逢農曆七月前往城隍廟蓋章的人絡繹不絕。

*Chenghuang Temple*

出礦坑城隍宮的金爐專司燒私庫錢。

## 全台灣城隍廟一覽表

| 區　域 | 廟　　名 | 地　　址 | 電　　話 |
|---|---|---|---|
| 基隆市 | 基隆城隍廟 | 基隆市忠1路7號 | (02)24250955　(02)24621997 |
| 台北市 | 台灣省城隍廟 | 台北市武昌街一段14號 | (02)23615080 |
| | 昭明廟 | 台北市松山區虎林街3號 | (02)27692220　(02)27672195 |
| | 大稻埕霞海城隍廟 | 台北市大同區迪化街一段61號 | (02)25580346　(02)25586146 |
| | 松山霞海城隍廟 | 台北市松山區八德路四段439號 | (02)27652046 |
| 台北縣 | 城隍廟 | 台北縣三重市文化北路141號 | (02)29758675 |
| | 昭靈廟 | 台北縣瑞芳鎮九份汽車路11號 | (02)24971557 |
| 桃園縣 | 桃源城隍廟 | 桃園縣桃園市中山路220號 | |
| 新竹市 | 新竹都城隍廟 | 新竹市北區中山路75號 | (03)5223666　(03)5224888 |
| | 境福宮 | 新竹市境福街197號 | (03)5315620 |
| 苗栗縣 | 苗栗縣城隍廟 | 苗栗縣苗栗市米市街34號 | (037)321184 |
| | 出礦坑城隍宮 | 苗栗縣公館鄉開礦村9鄰134號 | (037)222086 |
| 台中市 | 財團法人台灣省台中市晉封威靈公都城隍廟 | 台中市十甲路13巷2號 | (04)22114652 |
| | 財團法人台灣省台中市城隍廟 | 台中市合作街94巷50號 | (04)22875350 |
| | 財團法人台灣省台中市靈興宮城隍廟 | 台中市大誠街131巷17弄12號 | (04)22014425 |
| 台中縣 | 豐原城隍爺廟 | 台中縣豐原市復興路150巷7號 | (04)5237958 |
| | 大甲城隍廟 | 台中縣大甲鎮新政路36號 | (04)26873364 |
| | 護安宮 | 台中縣清水鎮三美路50號 | (04)6264012 |
| 南投縣 | 指南宮 | 南投縣南投市中山街65號 | (049)222056 |
| | 瀛海城隍廟 | 南投縣埔里鎮南昌街185號 | (049)982850 |
| | 城隍廟 | 南投縣水里鄉城中村民權路141號 | (049)770255 |
| | 靈德廟 | 南投縣竹山鎮下橫街16號 | (049)644119　(049)644281 |
| 彰化縣 | 彰邑城隍廟 | 彰化縣彰化市民生路129巷8號 | (04)7228815 |
| | 鹿港城隍廟 | 彰化縣鹿港鎮中山路366號 | (04)27788545 |
| | 城隍廟 | 彰化縣大村鄉田洋村田洋巷8號 | (04)8520343 |
| | 金盾城隍廟 | 彰化縣花壇鄉金墩村15-1號 | (04)27874510 |
| | 悟修堂城隍廟 | 彰化縣田中鎮山腳67號 | (04)8752453 |
| 雲林縣 | 城隍廟 | 雲林縣虎尾鎮東屯里31-1號 | (05)6651528 |
| | 城隍廟 | 雲林縣土庫鎮興新里9號 | |
| | 雲林縣城隍廟 | 雲林縣斗六市中華路318號 | (05)5331792 |

| 區域 | 廟 名 | 地 址 | 電 話 |
|---|---|---|---|
| 嘉義市 | 財團法人台灣省嘉義市城隍廟 | 嘉義市東區吳鳳北路168號 | (05)2228419 (05)2224116 |
| | 西安宮 | 嘉義市中正路689巷1號 | (05)2235148 |
| | 鎮北宮 | 嘉義市北社尾路353號 | (05)2379907 |
| | 吉安宮 | 嘉義市西區博愛路二段38巷91號 | |
| 嘉義縣 | 東安宮 | 嘉義縣太保市東勢里82號 | (05)3622510 |
| | 育黎宮 | 嘉義縣朴子市大鄉里大木康榔196號 | |
| | 城隍宮 | 嘉義縣朴子市東安寮10號 | (05)3692718 |
| | 中寮安溪城隍廟 | 嘉義縣鹿草鄉重寮村96號 | (05)3752005 |
| | 奉安宮 | 嘉義縣水上鄉水上村外林21號 | |
| | 合興宮 | 嘉義縣水上鄉三和村田寮20號 | (05)2357003 |
| | 靈應公義士廟 | 嘉義縣水上鄉三鎮村三鎮路53號 | (05)2682801 |
| | 新塭城隍廟 | 嘉義縣布袋鎮新塭342號 | (05)3431510 |
| | 龍德廟 | 嘉義縣布袋鎮內田段452地號 | (05)3430977 |
| | 聖林宮 | 嘉義縣布袋鎮樹林頭29-1號 | (05)3452519 |
| | 過溝安溪城隍廟 | 嘉義縣布袋鎮過溝東勢頭144號 | (05)3451774 |
| | 東港溪安宮 | 嘉義縣布袋鎮崩山段390-93、49號 | |
| 台南市 | 小北城隍廟 | 台南市西門路四段22巷29號 | (06)2523729 |
| | 台南首邑縣城隍廟 | 台南市成功路238巷52號 | (06)2236020 |
| | 台灣府城隍廟 | 台南市青年路133號 | (06)2237316 |
| | 忠澤堂 | 台南市新美街181號 | (06)2263607 |
| | 安平城隍廟 | 台南市安平路121巷1號 | (06)2227187 |
| | 小北鎮山城隍廟 | 台南市北區長北街196號 | (06)2270358 |
| | 小南城隍廟 | 台南市東區開山路282號 | (06)2253470 |
| | 東城隍 | 台南市萬昌街22號 | |
| 台南縣 | 太城宮 | 台南縣白河鎮內角里60-1號 | (06)6817087 |
| | 四安宮 | 台南縣佳里鎮鎮山里6號 | |
| | 昌安宮 | 台南縣將軍鄉嘉昌村19鄰26號 | |
| | 城隍宮 | 台南縣北門鄉三光村三寮灣118號 | |
| | 竹安宮 | 台南縣鹽水鎮水秀里土庫136-2號 | (06)6527088 |
| | 永安宮 | 台南縣七股鄉大潭村頭潭1號 | |
| 高雄市 | 舊城城隍廟 | 高雄市左營區店仔頂路1號 | (07)5832356 |
| | 霞海城隍廟 | 高雄市鹽埕區富野路81號 | (07)5518630 |
| | 城隍廟 | 高雄市鼓山區鼓山二路323-3號 | (07)5516148 |
| | 大城隍公壇 | 高雄市小港區海汕五路158號 | (07)8714095 |

| 區域 | 廟　名 | 地　址 | 電　話 |
|---|---|---|---|
| 高雄縣 | 鳳邑城隍廟 | 高雄縣鳳山市鳳鳴街66號 | (07)7468360 |
| | 霞海城隍廟 | 高雄縣大樹鄉久堂村城隍巷5號 | (07)6526801 |
| | 順安宮 | 高雄縣大樹鄉三和村112號 | (07)6561040 |
| | 梓官中崙城隍廟 | 高雄縣梓官鄉梓義村梓官路72-1號 | (07)6171591　(07)6174501 |
| | 森安宮 | 高雄縣旗山鎮德義街11號 | (07)6612440　(07)6613824 |
| | 霞海城隍廟 | 高雄縣仁武鄉高楠村五街2號 | (07)3125449 |
| | 仁心城隍廟 | 高雄縣仁武鄉考潭村仁心路240號 | (07)3731906 |
| | 發成金壇 | 高雄縣岡山鎮嘉峰路60巷45號 | (07)6282185 |
| | 城隍廟 | 高雄縣彌陀鄉過港村文安路北1巷1號 | (07)6196114 |
| 屏東縣 | 屏東都城隍廟 | 屏東縣屏東市南昌街6號 | (08)7331822 |
| | 屏東市安溪城隍宮 | 屏東縣屏東市青島街76號 | (08)7343417 |
| | 陳府城隍廟 | 屏東縣萬丹鄉保厝村中興209號 | |
| | 明顯宮 | 屏東縣潮州鎮延平路30-1號 | (08)7882335 |
| | 城隍廟 | 屏東縣潮州鎮壽星路17號 | (08)7884449 |
| | 龍德城隍爺廟 | 屏東縣東港鎮延平路319號 | (08)8321512 |
| 宜蘭縣 | 頭城城隍廟 | 宜蘭縣頭城鎮開蘭路117號 | (03)9772473 |
| | 城隍廟 | 宜蘭縣羅東鎮中正路128號 | (03)9545924 |
| | 保安堂 | 宜蘭縣三星鄉雙賢村忠平路125-1號 | (03)9892136 |
| | 城隍爺廟 | 宜蘭縣蘇澳鎮埤岸路31號 | (03)9901664 |
| | 頂寮城隍廟 | 宜蘭縣蘇澳鎮頂寮路4巷1號 | (03)9902342 |
| | 龍德城隍爺廟 | 宜蘭縣蘇澳鎮濱海路93-1號 | (03)901806 |
| | 城隍爺廟 | 宜蘭縣蘇澳鎮隘丁路110號 | (03)9964659 |
| | 南方澳城隍廟 | 宜蘭縣蘇澳鎮內埤路146號 | (03)963598 |
| | 城隍爺廟 | 宜蘭縣冬山鄉大興村東城路<br>台化工廠邊 | |
| | 宜蘭市城隍廟 | 宜蘭縣宜蘭市城隍街12號 | (03)9331613 |
| 花蓮縣 | 保安宮 | 花蓮縣瑞穗鄉富源村239號 | (03)8811306 |
| | 城隍廟 | 花蓮縣花蓮市成功街29號 | |
| 台東縣 | 善化堂 | 台東縣台東市寶桑路340巷25號 | |
| 澎湖縣 | 馬公城隍廟 | 澎湖縣馬公市光明路20號 | (06)9273724 |
| | 文澳城隍廟 | 澎湖縣馬公市西文里25號 | (06)9265068 |
| | 城隍廟 | 澎湖縣七美鄉東湖村10號 | (06)9971784 |

摘錄自《台灣省各縣市寺廟名冊》及《澎湖馬公城隍廟志（上）》

## 參考書目

- 凌淑菀／《台灣城隍信仰的建立與發展》（1683-1945）／中正大學歷史研究所碩士論文
- 蔡沛霖／《台灣城隍廟的儀式空間之研究》／台北科技大學建築與都市設計研究所碩士論文
- 楊天厚／《金門城隍信仰研究》／中山大學中國文學系碩士在職專班
- 《澎湖馬公城隍廟導覽手冊》／澎湖縣文化局
- 韓興興、韓采容／《鹿港城隍廟》／彰化縣文化局
- 卓克華／《從寺廟發現歷史》／揚智出版社
- 李乾朗／《台灣古建築圖解事典》／遠流出版社
- 黃文博／《台灣人的生死學》／常民文化事業股份有限公司
- 董芳苑／《探討台灣民間信仰》／常民文化事業股份有限公司
- 戴炎輝／《清代台灣的鄉治》／台北聯經出版社
- 郭榮毅／《戰後台南市安平聚落社會發展之研究》／台南師範學院台灣文化研究所
- 《竹山鎮志（下）‧宗教志》／竹山鎮公所
- 《基隆市志卷二‧住民志禮俗篇》／基隆市政府
- 《公館鄉誌》／公館鄉公所
- 劉還月／《台灣民間信仰小百科廟祀卷》／台原出版社
- 李乾朗主持／《新竹市都城隍廟－建築藝術與歷史》／新竹市立文化中心
- 黃有興／《澎湖馬公城隍廟誌》／澎湖縣文化局
- 黃有興／《澎湖的民間信仰》／台原出版社
- 鄭土有、王賢淼／《中國城隍信仰》／新華書局（上海）
- 蔡錦堂／《日據時期台灣之宗教政策》／台灣風物 42：2 （1992 12）
- 謝宗榮／《彰化平原開發及彰邑城隍信仰發展》／彰化文獻 4 （2002 8）
- 曾玉昆／《由舊城城隍爺的出巡探討台灣民間的城隍信仰》／高市文獻 10：3 （1998 3）
- 《台南歷史散步（上）》／遠流出版社

## 圖片來源

### 照片部分

本書照片除另有標示，其餘均為作者黃柏芸提供。

黃丁盛：10上、16下、17（兩張）、19（兩張）、22（兩張）、23（兩張）、26上、34左上、36、38（上、下）、39下、40（三張）、41上、44（兩張）、49、51（兩張）、52左上、55（兩張）、56、57上、58（兩張）、60下、61（兩張）、68（兩張）、69（兩張）、70（兩張）、71（三張）、72（三張）、73、82上、90（兩張）、91下、92下、93（兩張）、94（兩張）、95、96、97（兩張）、102、104（兩張）、105（兩張）、111、116（四張）、118、116、119左、120（兩張）、128、129下、138、139（兩張）、154下、157、159右、160上、162（兩張）、163（兩張）、164（四張）、165（兩張）、166、167

遠足文化資料庫：13下、21下、175上

### 繪圖部分

陳豐明：11下、15、26下、33、37、45下、46下、47下、57下、113下、114下、141上
吳淑惠：74、75
金炫辰：79上、87上、91上、99、103、107、113、123、127下、131上、135、143
柯怡絹：155、161

# 【台灣地理百科】系列叢書

全省各大書店均有售
● 客戶服務專線0800-221-029

## WGE 01
台灣的城門與砲台
戴震宇 著 金炫辰 繪

## WGE 02
台灣的濕地
莊玉珍、王惠芳 編寫

## WGE 03
台灣的老火車站
戴震宇 著 金炫辰 繪

## WGE 04
台灣的海岸
李素芳 編著

## WGE 05
台灣的山脈
楊建夫 著

## WGE 11
台灣的湖泊
何立德、王鑫 編著

## WGE 12
台灣的土壤
陳尊賢、許正一 合著

## WGE 13
台灣的鐵道
戴震宇 著

## WGE 14
台灣的水庫
黃兆慧 著

## WGE 15
台灣的古地圖—明清
夏黎明 總論 王存立、胡文
金炫辰 繪圖

## WGE 21
台灣的老鄉鎮
李世榮、吳立萍 著

## WGE 22
台灣的節慶
黃丁盛 著

## WGE 23
台灣的溫泉
宋聖榮、劉佳玫 著

## WGE 24
台灣的土地公
王健旺 著

## WGE 25
台灣的離島
倪進誠 著

## WGE 31
台灣的氣候
涂建翊、余嘉裕、
周佳 著

## WGE 32
台灣的金礦
余炳盛、方建能 著

## WGE 33
台灣的自然步道
朱仙麗 著

## WGE 34
台灣的人文步道
沃克漫青 著

## WGE 35
台灣的藝陣
陳彥仲、黃麗如等 撰文

## WGE 41
台灣的特殊地景
—南台灣
王鑫 著

## WGE 42
台灣的美術館與
藝文空間
侯一方、林舒等著

## WGE 43
台灣的園林宅第
張運宗 著
蔡芸香 繪圖

## WGE 44
台灣的工藝
張志遠 撰文

## WGE 45
台灣的斷層與地震
蔡衡、楊建夫 著

## WGE 51
台灣的漁港
黑潮海洋文教基金
會 著

## WGE 52
台灣的再生空間
李宜君 著
廖俊彥 攝影

## WGE 53
台灣的老樹
邱祖胤 撰文
張尊禎 攝影

## WGE 54
台灣的老行業
羅秀華 著

## WGE 55
台灣的植物園
心岱 著

● 24小時傳真訂購熱線：02-8667-1065、2218-8057、2218-1142

● 郵政劃撥19504465　遠足文化事業股份有限公司

每本定價：400元

台灣的珊瑚礁
何立德、王鑫 編著

台灣的河流
林孟龍、王鑫
合著

台灣的瀑布
何立德、王鑫 編著

台灣的國家公園
魏宏晉 編著

台灣的古道
王一婷 編著

台灣的老街
黃沼元 著

台灣的燈塔
李素芳 編著

台灣的古地圖
—日治時期
李欽賢 著 金炫辰 繪

台灣的漁業
胡興華 著

台灣的古圳道
王萬邦 著

台灣的碑碣
曾國棟 著

台灣的風景繪葉書
李欽賢 著

台灣的海洋
戴昌鳳 編著

台灣的茶葉
林木連等 編著

台灣的老齋堂
張崑振 著

台灣的舊地名
蔡培慧等 撰文

台灣的原住民
陳雨嵐 著

台灣的行政區變遷
施雅軒 著

台灣的國家風景區
陳永森、林孟龍 著

台灣的特殊地景
—北台灣
王鑫 著

台灣的市場
葉益青 著

台灣的地方新節慶
陳柏州、簡如邠 撰文

台灣的菸業
洪馨蘭 著

台灣的國家森林
遊樂區
楊秋霖 著 吳淑惠 繪

台灣的自然保護區
李光中、李培芬 著

台灣的老港口與
老碼頭
柯帕 著
寶島工作室 攝影

台灣的天然災害
林俊全 著

台灣的921
重建校園
羅融 著

台灣的養殖漁業
胡興華 著

台灣的古蹟
—北台灣
李泰昌等 合著

國家圖書館出版品預行編目資料

臺灣的城隍廟 / 黃柏芸著. -- 第一版. -- 臺
北縣新店市：遠足文化，民95
　　　面：　公分. --（臺灣地理百科；71）

　　ISBN 986-7630-71-8(精裝)
　　1. 民間信仰 - 臺灣　2. 寺廟 - 臺灣

272.22　　　　　　　　　　　95000045

台灣地理百科 71

# 台灣的城隍廟

| | |
|---|---|
| 審　訂 | 林茂賢 |
| 作　者 | 黃柏芸 |
| 圖片提供 | 黃柏芸、黃丁盛、遠足資料中心 |
| 插　畫 | 陳豐明、吳淑惠、金炫辰、柯怡綸 |
| 特約執編 | 許素華 |
| 特約美編 | 陳育仙、林姚吟 |
| 校　對 | 余素維 |

| | |
|---|---|
| 總編輯 | 陳雨嵐 |
| 主　編 | 賴佩茹 |
| 美術主編 | 吳雅惠 |
| 編　輯 | 楊惠敏 |
| 助理編輯 | 黃珍潔 |
| 行銷企劃 | 吳麗雯 |

| | |
|---|---|
| 社　長 | 郭重興 |
| 發行人兼<br>出版總監 | 曾大福 |
| 創業夥伴 | 楊基陸、黃樹錚、楊宗河 |
| 顧　問 | 黃德強　陳振楠 |
| 出版者 | 遠足文化事業股份有限公司 |
| | 地址：231台北縣新店市中正路506號4樓 |
| | 電話：(02) 22181417　傳真：(02) 22188057 |
| | E-mail：walkers@sinobooks.com.tw |
| 郵撥帳號 | 19504465 |
| 客服專線 | 0800221029 |
| 網　址 | http://www.sinobooks.com.tw |
| 法律顧問 | 華洋國際專利商標事務所　蘇文生律師 |
| 印　製 | 成陽印刷股份有限公司　電話：(02) 22651491 |

定　價　400元
第一版第一刷　中華民國95年2月

ISBN 986-7630-71-8
©2006 Walkers Cultural Print in Taiwan